대한민국 No.1 부동산 전문가 26인의 냉철한 분석과 전망

2020
대한민국
부동산
트렌드

대한민국 No.1 부동산 전문가 26인의 냉철한 분석과 전망

2020
대한민국
부동산
트렌드

조선일보 산업1부 부동산팀 엮음

북클라우드

2020년 부동산 시장을 전망한다

불확실성. 한 치 앞을 내다보기 어려운 작금의 부동산 시장을 설명하는 키워드다. "확실히 오른다"는 낙관론, "조정이 머지않았다"는 비관론이 출렁인다. 내 집 마련을 위한 실수요자와 미래를 위해 결심한 투자자들은 혼란스럽다. 믿고 따르기엔 두렵고, 머뭇거리다가 '막차'마저 놓쳐 영영 기회를 잃는 것은 아닐지 걱정이 앞선다.

2%대를 장담할 수 없는 경제성장률을 포함, 대내외 경제 여건은 악화 일로를 달리고, 부동산 시장에 대한 규제는 날로 강화

되고 있다. 이런 와중에 서울 아파트값은 오름세를 지속하면서 '3.3㎡(평)당 1억 원 시대'가 열렸다. 저금리 기조가 심화하면서 시중에 갈 곳 잃은 돈이 넘쳐나고 있다. 1000조 원이 넘는 부동(浮動) 자금이 부동산 시장을 기웃거린다.

문재인 정부가 임기 절반 동안 추진한 각종 부동산 대책이 17차례에 달한다. 민간 주택 공급 가격까지 제한하겠다며 사실상 '극약 처방'인 민간택지 분양가 상한제까지 내놓았다. 하지만 시장을 거스르고, 타이밍을 맞추지 못한 뒷북 정책이란 평가를 받으며 번번이 실패했다. 반(反)시장적 부동산 정책, 정부의 무리한 시장 개입이 규제 내성(耐性)만 키웠다는 지적이다.

2020년 부동산 시장은 어디로, 어떻게 흘러갈까. 전 국민 자산의 70%가 넘는 집값이 탄력을 받아 더 높이 치솟을까, 아니면 동력을 잃고 추락할까. 한 가지 분명한 사실은 시장이 전환기를 맞고 있다는 점이다. 실물 경기와 부동산 정책, 금리와 수급, 소비자 심리 등 주택 시장에 영향을 미치는 변화 요인들이 중첩되면서 변동성 및 불확실성이 가중되고 있다.

과연 돌파구는 있을까. 조선일보 산업1부 부동산팀 기자들이 '2019 대한민국 부동산 트렌드 쇼'를 기획한 이유다. 대한민국 부동산 트렌드 쇼는 조선일보가 매년 주최하는 국내 최대, 최고 규모의 부동산 박람회로 올해 6회째를 맞았다.

이 행사의 '메인 이벤트'는 부동산 분야 국내 최고 전문가들이 연사로 참여하는 부동산 세미나다. 조선일보 부동산팀 기자들은 연초부터 향후 부동산 시장 흐름을 관통할 핵심 주제를 정하고, 해당 분야의 최고 전문가를 연사로 직접 발굴했다.

부동산 정책의 주무 부처인 국토교통부 정책 결정권자와 국책·민간연구소, 금융기관 등의 연구원, 부동산학과 교수, 국내 최고 부동산 컨설턴트와 베스트셀러 작가들이 릴레이 강연을 통해 2020년 부동산 시장에 대한 전망을 더했다. 특히 올해는 IT 등 신기술로 부동산 시장을 새롭게 확대하는 프롭테크 업계 최고 경영자와 리츠 등 부동산 대체투자 전문가가 새로 합류해 시장의 최신 트렌드를 전했다.

이 책은 2019년 대한민국 부동산 트렌드쇼 세미나의 '명품(名品) 강연' 중 핵심 내용을 뽑아 정리한 것이다. 현재 국내에서 활동하는 부동산 분야 최고 전문가 집단이 내놓은 날카로운 분석과 미래 전망을 활자화한 것이다. 2019년 7월 강연 당시를 기준으로 한 내용이지만 현장 분위기를 전달하기 위해 그대로 살렸다.

이 책을 통해 2020년 부동산 시장에 대한 독자들의 다양한 의문이 해소되길 기대한다. 지금이 집을 구입할 적기(適期)인지, 아니면 언제 사야 하는지, 나에게 맞는 최선의 입지(立地)는 어디일지, 집값과 전·월세 가격은 어떻게 움직일 것인지 등 여러 물음에 대한 명쾌한 해답이 여러분을 기다리고 있다.

　'부동산 투자'라는 등반에 나선 이들이 위험에 빠지지 않고 안전하게 정상을 정복하려면 루트를 꿰뚫고 있는 전문 가이드의 도움이 필수적이다. 부동산 대표 고수들의 혜안(慧眼)을 담은 이 책이 독자 여러분을 안내하는 든든한 조언자가 될 것이라 확신한다.

조선일보 산업1부 부동산팀

대한민국 부동산 긴급 점검

1장

2장

실수요자 똘똘한 주택 마련하기

3장

거래절벽 돌파하는 부동산 투자 전략

4장

미래 부동산 가치를 바꾸는 산업

대한민국 부동산
긴급 점검

이동현
하나은행 부동산자문센터장

도시지역계획학 부동산전공 박사로 한국금융연수원 강의교수, 자격심의위원, 단국대학교 부동산건설대학원 외래교수로 활동 중이다. 경기도시공사, 한국도로공사, 한국광물공사 등 다수 공기업에 자문 및 강연을 하고 있다. 경희사이버대학교, 한성대학교, 동의대학교 등 다수 대학과 대학원에서 강의하고 있다. 지은 책으로는 《한국의 부동산 부자들》이 있다.

안명숙
우리은행 부동산투자지원센터 부장

연세대학교 도시공학과 도시계획 박사 과정을 수료했다. 서울시 서초구청 분양가 심의위원, 경기도 뉴타운 전문위원, 서울시 주택정책 전문위원, 국민경제자문회의 경제상황 전문가단으로 활동했다. 지은 책으로 《사야 할 땅 팔아야 할 땅》, 《PB들만 알고 있는 세테크와 부동산재테크(공저)》가 있다.

2020년
부동산 전망

현재의 부동산 시장은 '혼란'과 '불안정'이라는 단어로 표현된다. 앞으로 시장이 어떻게 될지 알 수 없고 그야말로 불확실하다는 의미다.

부동산 전문가들 사이에서도 현재 시장 상태가 '바닥이다 vs 아니다'로 의견이 엇갈린다. 과거의 패러다임으로 시장을 분석하는 것에 확신이 부족해지다 보니 사람들이 불안하고 혼란스러워한다.

대체 얼마나 혼란스럽고 불안정한 상황일까? 부동산 전문가에게 현재 시장을 진단받고, 2020년 시장 예측을 들어본다.

부동산 거래 흐름 진단

안명숙

문재인 정부가 들어서고 나서 부동산, 특히 주택 가격 안정화를 위한 정책이 많이 발표됐다. 그러나 정부의 의도와 다르게 주택 가격은 꾸준히 상승하고 있다. 우리가 예상하지 못했던 시장 왜곡 현상도 나타났다. 계속해서 정부가 추가 대책을 예고하자 향후 부동산 시장이 어떻게 바뀔지 사람들의 궁금증은 더욱 커져만 가고 있다.

미래 시장을 예측하기 위해서는 먼저 과거의 시장을 훑어볼 필요가 있다. 수도권 아파트값이 바닥이었던 2013년을 기점으로 전후 아파트값 변화를 살펴보면, 2011년부터 2013까지 아파트 가격이 하락했고 2013년부터 2019년까지 상승했다. 특히 2016년 2/4분기(4월~6월) 이후 서울과 경기·인천의 아파트 가격 상승 격차가 크게 벌어졌다. 서울의 경우 아파트값이 2013년부터 2019년 4월까지 상승반전해 총 70% 오르는 일이 발생했다.

정부가 부동산 가격 안정화를 위해 많은 정책을 내놓았음에도

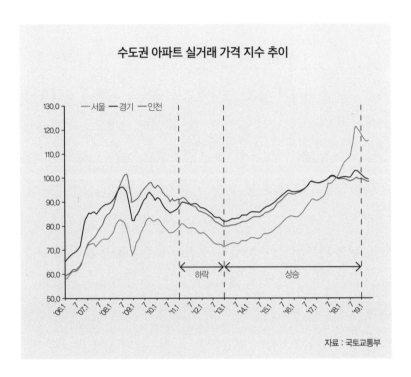

수도권 아파트 실거래 가격 지수 추이

자료 : 국토교통부

왜 부동산 가격은 계속 오름세를 이어가고 있을까? 이는 2017년 8.2대책에 빈틈이 있었기에 이를 보완하기 위한 2018년 9.13대책이 나오기 전까지 주택 가격이 오른 것이라 볼 수 있다.

그러면 9.13대책은 효과가 있었을까? 9.13대책은 세금을 올리고 대출을 규제해 부동산 거래를 제한하려는 의도가 있었다. 그러나 이러한 규제는 투자자들이 특정 지역의 부동산에 몰리는 현상을 초래했다. 이때 규제의 타깃이 됐던 강남권은 재건축 아파트를 중심으로 가격이 내려갔다가 순식간에 오르는 반전이 일어났다. 강남권뿐만 아니라 강북권의 마포도 전고점(앞선 가격의 고점)을 넘어서게 됐다. 결과적으로 정부의 대책이 효과를 발휘하지 못한 것이다. 다시 말해 정부의 여러 대책으로 시장에 매물이 나오지 않다 보니 거래량이 감소했고, 이는 오히려 가격을 올리는 현상을 초래했다.

게다가 공교롭게도 서울 내에서는 지역별 격차가 더욱 심화되는 양상이 나타났다. 강남권의 재건축 아파트 가격이 더 많이 오를 거라는 예측이 실제로 맞아떨어진 것이다. 대출이 규제된 상황에서 강남권 부동산을 본인 돈으로 살 수 있는 사람이 세상에 얼마나 되겠냐는 의문이 있었지만 실제로 적지 않게 많았다.

한국은행에서는 1년 후에 집값이 어떻게 될지 예측하는 설문 조사인 주택가격전망 소비자태도지수(CSI)를 매년 발표하고 있다. 설문 조사에서 대부분의 사람들은 집값이 올라갈 때는 더 올라갈 것 같고 떨어질 때는 더 떨어질 것 같다고 전망한다. 2019년 상반기에는 대부분의 사람들이 집값을 상당히 비관적으로 전망했지만, 하반기에 접어들면서 집값이 상승할 것이라 전망했다. 특히 40대 미만의 임차 가구에서 집값이 오를 거라고 예상하는 경우가 많았다. 이들에게는 공통점이 있었다. 아직 집을 마련하지 못했거나, 곧 다른 집으로 이사할 예정인데 점찍어둔 아파트의 가격이 상승했다는 점이다.

결국 이들은 집값 하락을 경험하지 못했기 때문에 가격이 오를 거라고만 생각했다. 그리고 그들의 선호도에 따라 지역별 차별화가 더욱 강화되었고, 이러한 차별화를 이끌었던 것이 바로 재건축 아파트였다.

재건축 아파트는 기본 계획 수립부터 착공, 분양, 준공, 입주까지 오랜 시간이 걸린다. 그런데 실제로 강남권에서 재건축을 추진했던 단지들 중 집값이 많이 오른 곳들을 보면 강남구 개포주공1단지아파트나 서초구 신동아1차아파트처럼 최근 사업이 굉장히 빨리 추진되었던 곳들이다. 반면 입지는 더 좋지만 사업 추진이 늦어지는 압구정 현대8차아파트는 항상 기대주에 머물러 있다. 누구나 투자하고 싶은 곳이지만 단지 규모가 크다 보니, 정부 규제를 받아 사업 추진에 속도가 나지 않는 것이다.

재건축의 경우 사업 진행이 느려지면 수익성이 떨어지기 때문에 가격상승률은 예상보다 크지 않다. 결국 재건축 아파트의 가격상승률 차이는 재건축 추진 속도의 차이인 셈이다.

요즘 젊은층이 새 아파트를 선호하는 현상도 재건축 아파트의 가격상승률에 영향을 미치는 요인이다. 지금의 청약제도에서 가점이 높으려면 부양가족이 많고 무주택기간이 길어야 하는 등 여러 조건들을 충족시켜야 한다. 상대적으로 가점이 낮을 수밖에 없는 젊은층은 청약으로 집을 마련하기가 어려워 입지가 좋은 곳의 재건축 아파트에 투자하는 경향이 있다. 그러다 보니 젊은층의 재건축 투자수요가 몰릴 때는 재건축 아파트 가격 상승률이 높고, 투자수요가 빠질 때는 가격상승률이 떨어진다.

이처럼 재건축 아파트의 수익성에는 다양한 요인이 작용한다. 앞으로 재건축 사업이 늦어진다면 비싸더라도 신축 아파트나 준공한 지 오래되지 않은 구축 아파트에 수요가 몰릴 가능성이 있다.

부동산 시장을 움직이는 핵심 변수

이동현

부동산 시장은 2018년 9.13대책 전후로 완전히 달라졌다. 9.13대책 이전에는 부동산 가격이 서울과 전국 광역시 중심으로 강세를 보였다면 9.13대책 이후에는 전반적으로 가격이 하향 안정화됐다.

앞으로 부동산 시장에 단기적으로 영향을 미칠 핵심 변수는 금리, 대출 규제, 입주 물량, 세금 규제다. 시장에 어떠한 영향을 미칠지 하나씩 알아보겠다.

① 금리

지난 7월, 미국의 중앙은행인 연방준비제도(FRB)가 기준금리 인하를 발표하자 한국은행도 기준금리를 1.5%에서 1.25%로 낮췄다. 이 말은 현재 경제성장률이 별로 좋지 않다는 의미다. 금리가 내려가는 것은 일단 부동산 시장에는 호재다. 금리가 내려감에 따라 대출을 받아 부동산을 사는 등 수요가 늘어날 수밖에 없기 때문이다. 최근에 주택 거래가 조금씩 늘어나고 전세 대출이 증가하는 것도 금리 인하의 영향으로 볼 수 있다.

2008년 글로벌 금융위기 당시 5%가 넘던 기준금리가 지금은 2%대, 1%대로 계속 내려가고 있다. 현재로서는 경기 성장이 저성장으로 예측되고 있기 때문에 저금리 현상은 유지될 것이다.

② 대출 규제

9.13대책에서 나왔듯이 대출 규제는 유주택자가 집을 한 채 더 매입할 때 대출을 받을 수 없도록 규제하는 정책이다. 한마디로 집이 있는 사람은 집을 사지 말라는 것이다. 9억 원을 초과하는 고가주택의 경우 실거주 목적이 아니라면 대출을 해주지 않는 것이 원칙이다.

현실적으로 대출 규제는 강화될 수밖에 없다. 우리나라의 가계부채 증가율은 전 세계 2위다. 2018년에 1천500조 원을 넘었는데, 가계부채의 증가 요인에서 큰 비중을 차지하는 것이 바로 주택담보대출이기 때문이다. 그러니 정부는 가계부채를 줄이기 위해 대출 규제 정책을 이어갈 가능성이 크다.

③ 입주 물량

입주 물량은 수요와 공급 원칙에 따라 부동산 가격에 결정적인 영향을 준다. 공급이 많으면 집값은 내려간다. 그래서 주택을 매입할 때 입주 물량을 디테일하게 보아야 한다. 아무리 시장 상황이 전반적으로 좋아도 입주 물량이 몰려 있다면 집값은 절대 오를 수 없다. 적어도 입주 물량이 소화되기 전까지는 말이다. 그렇기 때문에 입주 물량이 쏟아지면 그 지역의 전셋값은 반드시 떨어지게 된다. 매입 가격 역시 하향 조정을 받는다. 이때가 실수요자에게는 주택을 매입하기 가장 좋은 타이밍이다.

④ 세제 강화

세제 강화는 대출 규제와 더불어 9.13대책의 핵심 정책이다. 외국에서는 집을 소유하고 있으면 보유세를 많이 낸다. 대신 사고팔 때 거래세나 양도세는 상당히 적게 낸다. 반면 우리나라는 정부의 부동산 규제 정책으로 보유세, 거래세, 양도세가 모두 갈수록 강화되어 왔다. 주택을 많이 보유하는 사람에게 세금을 많이 부과해 부동산 가격을 안정시키겠다는 취지다. 그러니 앞으로 주택을 많이 보유하는 데에는 점점 제약이 커질 것이다.

여기까지가 부동산 시장에 단기적으로 영향을 미치는 변수라면, 중장기적으로 영향을 미칠 변수인 인구 감소, 가구 분화, 인구 이동에 대해서 알아보자.

① 인구 감소

우리나라는 OECD 국가 중 출산율이 가장 낮다. 현재 가임 여성 1명당 0.97명의 출산율을 기록하고 있다. 이렇게 인구 감소가 눈에 보이는 상황에서 주택 수요도 점점 줄어들 거라고 생각한다.

또한 우리나라는 전 세계에서 고령화가 가장 빠르게 진행되는 국가이기도 하다. 저출산 고령화로 경제활동인구가 급격히 줄어들고 노인세대가 크게 늘어나면서 집에 대한 수요도 줄어들 거라는 예측이 힘을 얻고 있다.

② 가구 분화

우리나라의 전체 가구 약 2천만 가운데 30%가 1인 가구다. 그리고 전체 가구의 20~25%가 2인 가구다. 1인, 2인 가구가 전체

가구의 절반을 넘어선 것이다. 이는 평수가 큰 집을 찾는 수요가 많이 줄어들 거라는 의미다. 그래서 요즘은 40평, 50평형대 아파트보다 20평형대 아파트의 평당가가 비싸고 가격상승률도 높다.

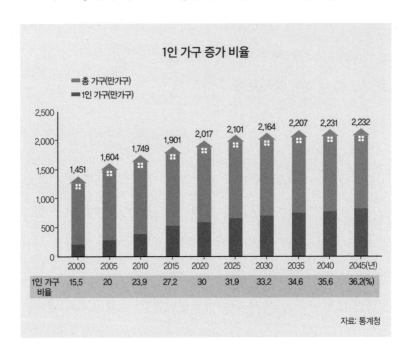

1인 가구 증가 비율

■ 총 가구(만가구)
■ 1인 가구(만가구)

	2000	2005	2010	2015	2020	2025	2030	2035	2040	2045(년)
총 가구	1,451	1,604	1,749	1,901	2,017	2,101	2,164	2,207	2,231	2,232
1인 가구 비율	15.5	20	23.9	27.2	30	31.9	33.2	34.6	35.6	36.2(%)

자료: 통계청

③ 인구 이동

전출입 신고를 토대로 인구 이동을 확인해본 결과 지방의 소도시 인구는 광역시로, 전국의 인구는 서울 수도권으로 몰려드는 경향이 있었다. 즉 서울을 중심으로 인구가 재편된다는 의미다. 그래서 우리나라 전체 인구는 감소해도 도시 인구는 증가할 가능성이 크다. 앞으로 주택을 매입할 때는 이점을 기억하고 서울 주택을 매입하는 편이 유리하다.

서울 아파트값 오를까 내릴까?

이동현

2019년 하반기 이후 2~3년간 서울 아파트값은 소폭 상승 내지는 거의 변동이 없을 것이라 예상한다. 만약 아파트값이 오르거나 오르려는 낌새가 보이면 정부에서 간과하지 않을 것이다. 지금도 그에 대한 대책을 내놓고 있다. 그중 하나가 분양가 상한제다. 현재 부동산 시장은 정부의 정책을 이길 만큼 주택 수요를 강력하게 이끌 동력이 없다. 더구나 정부는 부동산 투자로 돈을 버는 것을 그다지 원하지 않는다.

그나마 서울은 인구가 가장 많고 인구가 몰릴 곳이기 때문에 보합세에서 약간의 상승세는 이어가지 않을까 생각한다. 실제로 부동산 전문가들 중 2019년 하반기부터 서울 아파트값의 오름폭이 확대될 거라고 보는 사람들도 많다. 2017년 8.2대책 이후에 얼마 지나지 않아 서울 아파트값이 다시 올랐다. 2018년 9.13대책 이후에도 가격이 잠시 안정화됐지만 다시 올랐다. 서울은 실수요가 시장을 받쳐주고 있기 때문이다.

하지만 정부는 아파트 가격이 꿈틀대면 다시 대책을 내놓을 것이다. 이러한 힘겨루기 속에서 전반적으로는 서울 아파트값은 보합을 유지하거나 소폭 상승할 거라 생각한다.

앞으로 가격이 많이 오르거나 시세차익(프리미엄)이 많이 생길 것으로 예상되는 지역은 결국 강남3구(서초구, 강남구, 송파구)다. 그 다음에는 영등포구, 마포구, 동대문구가 유망하다고 생각한다. 수요가 가장 많은 곳의 아파트에 더 많은 프리미엄이 붙을 것이다. 1기 신도시인 일산과 분당의 경우 강남 접근성의 차이로 가격이 상당히 벌어졌다. 현재도 마찬가지다. 결국 강남 접근성에 따라 프리미엄이 붙을 것이다.

안명숙

서울 아파트를 사야 하는 시기는 서울 집값이 별로 떨어지지 않거나 오를 거라는 전문가들의 예측과 일맥상통한다. 지금 집을 사도 그렇게 리스크가 크지 않을 거라는 말이다. 지금도 서울은 집을 사려고 대기하는 수요자가 많고, 유동성도 풍부하다. 지역별로 부동산 가격 차별화도 가속화되고 있다. 다른 투자처가 없는 현재로서는 나중에 팔기도 쉽고 자산가치의 상승 속도도 빠른 서울에 집을 사는 것이 옳다. 그런데 지금 서울에는 매물이 거의 없어 집을 사기가 녹록지 않다.

같은 서울이라도 주택을 매입할 때는 다세대주택, 원룸, 오피스텔보다 아파트가 매력적이다. 우리나라의 경우 전체 주택에서 아파트가 차지하는 비율은 60% 이상이다. 국토가 좁고 산지가 많아 이용할 만한 토지가 별로 없는 여건상 아파트는 최적의 주거 형태다. 게다가 아파트도 이제 획일화된 형태를 벗어나 진화를 시도하고 있다. 조식을 제공하는 아파트도 있고 각종 편의시설을 갖춘 아파트도 있다. 이는 아파트 가격에도 반영되어 같은 동네라도 새 아파트의 가치는 굉장히 높게 평가된다.

같은 강남권에서도 아파트와 다세대주택의 평당가는 다를 수밖에 없다. 결국 환금성이란 측면에서 보면 누구나 투자할 수 있고 값을 평가하기도 쉬운 아파트가 좋은 투자 대상으로 보인다. 지난 30년간의 집값 상승률을 보면 서울 아파트값이 연평균 6.5%씩 올랐다. 매년 이렇게 가치가 오르는 자산이라면 당연히 투자를 해야 한다.

사실 강남은 이미 좋은 곳이고 앞으로도 좋을 곳이다. 한 가지 단점이 있다면, 누구나 아는 사실이지만 너무 비싸다. 그래서 이미 소문난 곳 말고 앞으로 좋아질 곳을 찾는 편이 낫다. 현재로서는 GTX 등 교통 편의성과 교육 여건이 괜찮은 용산이나 동대문이 성장 가능성이 커 보인다.

GTX 덕분에 강북은 북부권의 새로운 중심지가 될 것으로 보인다. 이제는 강북의 전용 85m² 아파트도 가격이 15억 원이 넘는 시대가 되었다. 강남만 고집하다가는 투자 타이밍을 놓칠 수 있다.

3기 신도시는 서울 아파트값에 영향을 줄까?

안명숙

결국은 3기 신도시가 기존의 서울 수요를 대체할 수 있느냐의 문제인 것 같다. 그런데 서울의 수요를 대체하려면 입지와 일자리 문제가 동시에 해결되어야 한다. 돈이 부족하면 직장과 멀리 떨어진 곳에 살면서 출퇴근에 굉장히 많은 시간을 쏟아야 한다.

3기 신도시에 집을 짓는다고 해서 각종 인프라가 갖추어진 서울의 입지를 대체할 수는 없다. 게다가 3기 신도시에 일자리가 생기지 않는다면 직주근접성도 떨어진다. 따라서 서울 아파트값에 영향을 미치지 못할 것이고 더 나아가 오히려 서울의 아파트값이 더 오를 거라 생각한다.

이동현

3기 신도시는 서울 아파트값에 영향을 주지 않을 것이라고 본다. 3기 신도시가 발표나면서 인접 지역에서 난리가 났듯이 결국은 그 영향을 직접적으로 받는 것은 인근 신도시들이다. 서울과의 근접도에 따라 희비가 갈리기는 할 것이다. 그러나 서울 아파트값은 서울 아파트에 대한 수요의 영향을 받아 움직일 뿐, 경기도와 관련된 3기 신도시가 서울 아파트값에 영향을 줄 가능성은 별로 없다고 본다.

경기도 아파트값 오를까 내릴까?

안명숙

경기도 아파트의 경우 집값이 떨어지거나 별로 오를 가능성이 없다는 의견이 지배적이다. 때문에 경기도에서 서울로 옮겨올 타이밍을 보고 있는 사람들은 굉장히 절망적일 것이다. 자신이 가려는 서울의 집값은 오를 가능성이 큰 반면 경기도의 집값은 떨어지거나 당분간 오르지 않는다는 의견이 대다수이기 때문이다.

지금 대출을 규제하고 있기 때문에 우리가 레버리지(Leverage, 타인의 자본을 지렛대처럼 이용하여 자기 자본 이익을 높이는 방법)를 일으킬 방법은 전세뿐이다. 전셋값은 결국 입주 물량의 영향을 받는데 경기도의 경우 입주 물량이 14만 가구다. 사상 유례가 없을 만큼 많다. 게다가 경기 남부권에 입주 물량이 몰려 있다 보니, 과천 이외의 지역들은 전셋값이 하락하는 영향을 받을 수밖에 없다. 당연히 단기적으로는 경기도 아파트값이 오르기 어려울 것으로 보인다. 다만 GTX 노선이 들어서는 경기도 지역이라든지 인천의 조정대상 외의 지역은 거래가 되면서 가격이 소폭 반등할 것이다.

경기도는 2019년까지 입주 물량이 집중되다가 2020년 하반기 이후에 조금씩 줄어든다. 그렇기 때문에 경기도 외곽 지역의 경우 시장의 조정기를 거친 이후에 아파트를 매입하면 좋을 듯하다. 지금 서두를 필요는 없다.

지난 10년간 수도권 집값 흐름을 보면, 4년간 15% 떨어졌고 6년간 40% 이상 올랐다. 설사 시기를 잘못 맞춰서 아파트값이 내려가기 전에 샀더라도 조정기 이후에 잘 팔면 결국은 이익을 남길 수도 있다.

이동현

경기도에서 아파트값이 가장 많이 오를 것으로 예상되는 지역은 과천, 분당, 하남이다. 이들의 공통점은 강남 접근성이다. 분당은 1기 신도시이다 보니 노후화되기는 했지만 어쨌든 강남과 근접해 있기 때문에 항상 주목받았다. 과천 역시도 강남권으로 여겨지고 있다. 하남 역시 강남4구로 꼽히는 강동구와 붙어 있어 집값이 오를 가능성이 크다.

지방 아파트 사야 할까, 말아야 할까?

이동현

거의 모든 전문가들이 지방의 아파트 가격이 오를 것이라 생각하지 않는다. 우리나라는 서울 수도권에 인구가 집중되기 때문이다. 다만 대전, 대구 일부, 광주광역시 등 국지적으로 가격이 오르는 지역들이 있다. 하지만 말 그대로 국지적이다.

경기가 좋고 부동산 수요가 많을 때는 서울 수도권, 그중에서도 강남 집값이 먼저 상승하고 이후 순차적으로 지방 집값도 같이 상승할 수 있다. 그러나 경기가 나쁘면 다주택자들이 지방의 주택들을 털어낸다. 그래서 지방 아파트 투자는 투기적인 요인이 있다.

투자용이든 거주용이든, 지방 아파트는 해당 지역에 엄청난 경제적 호황이나 특별한 이슈가 없는 한 가격 상승을 크게 기대하기 어렵다.

현재 지방에서는 대전, 광주, 대구 일부 지역이 몇 년째 강세를 보이고 있다. 그런데 이 지역들은 공통점이 있다. 2000년대 후반에 이 지역에 들어갔던 건설 업체 대부분이 글로벌 금융위기로 부도가 났었다는 점이다. 그러다 보니 당시에 공급이 많이 줄었다. 하지만 새 아파트에 대한 수요는 계속 존재했다. 중단됐던 공사가 다시 진행되어 해당 지역에 신축 아파트가 공급되자 일시적으로 가격이 올랐던 것으로 볼 수 있다.

이 지역들은 서울보다 규제를 덜 받는다. 물론 대구 수성구는 규제를 받는 편이지만, 그 외의 지역은 규제를 받지 않다 보니 투자자들이 몰릴 수 있다. 그러나 지방 아파트 투자는 해당 지역에 대해 잘 알고 부동산 투자에 능숙한 사람이라도 주의가 필요한 시장이다. 섣불리 부화뇌동할 것은 아니라고 본다.

안명숙

대구 수성구는 서울의 강남 같은 곳이다. 교육 여건도 굉장히 좋다. 수성구 황금동의 한 아파트는 작년과 올해 활발하게 거래된 곳이다. 거래 건수의 70~80%가 그 아파트에 집중되어 있다. 대구 중구는 구도심이지만 재개발로 새 아파트가 들어오면서 크게 뜬 곳이다.

한편 세종시는 과천 같은 곳이다. 교육 수준도 높고 안정 지향적인 공무원들이 거주하고 있기 때문에 앞으로도 서울 집값을 꾸준히 따라갈 곳이라고 본다. 광주 서구와 대전 서구의 경우 비조정 지역이지만 교육과 주거 여건이 좋기 때문에 많은 사람들이 갭투자를 목적으로 관심을 갖는다.

재건축 아파트 언제 사야 할까?

안명숙

분양가 상한제는 아파트 분양에만 영향을 미치는 것이 아니라 재건축 아파트 가격에도 영향을 미칠 수밖에 없다. 지금껏 재건축 사업은 조합원 소유의 땅에 용적률을 높여서 짓고 그 비용을 조합원들과 일반 분양자들이 조달하는 구조였다. 그래서 분양가를 계속 올리면 조합원은 절대로 손해를 보지 않았다. 그렇기 때문에 재건축 아파트가 비싸게 거래되었던 것이다.

그런데 분양가 상한제가 시행되어 분양가를 올리지 못하게 되면 조합원들의 부담이 증가하게 된다. 그러면 재건축 사업 추진이 주춤하게 되고, 단기적으로는 공급이 줄어 주택 시장이 침체된다. 일부 시행사들이 신규 사업을 하지 않겠다고 하는 것도 이러한 맥락에서 이해하면 된다.

재건축 아파트란 정확히 말하면 땅값이 비싼 강남의 재건축 아파트를 말한다. 재건축 아파트를 언제 사야 할지 알아보기 전에 먼저 강남 재건축 아파트가 왜 부동산 시장의 선행 지표가 되는지 생각해볼 필요가 있다.

재건축 아파트는 아주 오래된 노후한 아파트다. 그곳을 거주 목적으로 매입하는 사람은 거의 없다. 대신 세입자가 산다. 전세가가 많이 저렴하기 때문이다.

다시 말해 재건축 아파트는 투자용으로 매입한다. 그래서 경기 상태와 정부 정책에 민감하게 움직이기 때문에 재건축 아파트가 부동산 시장, 특히 서울 주택 시장의 바로미터고 선행지표가 되는 것이다.

3, 4년 전만 해도 재건축 아파트 매매의 전성기였다. 정부가 경기 부양과 시장 활성화를 목적으로 대출을 비롯해서 조합원에게 이익이 되는 정책을 많이 내놓았기 때문이다. 재건축 사업이 가능한 아파트 기준도 준공된 지 40년에서 30년으로 단축하기도 했다. 재건축은 속도가 빠를수록 돈이 된다. 하지만 지금 정부는 서민의 주거 안정을 위해 재건축 속도를 늦추려고 한다.

이러한 상황에서 분양가 상한제가 시행되면 조합원들의 부담이 증가하게 된다. 재건축을 잘못하면 망할 수도 있기 때문이다. 그러니 지금 당장은 강남의 재건축 아파트를 사서 시세차익을 보겠다는 생각은 절대 금물이다. 지금 시장 상황이나 정부 정책을 보면 재건축 아파트에 대한 투자는 서두를 필요가 없는 것 같다.

심교언
건국대학교 부동산학과 교수

서울대학교 공과대학 도시공학과 석사 및 박사 학위를 받았다. 국토교통부 3기 신도시포럼 위원, 한국부동산분석학회 이사, 대한국토도시계획학회 이사로 활동하고 있다.

김덕례
주택산업연구원 주택정책연구실장

한국주택학회 부회장 및 이사, 도시정책학회 여성부회장, 국토부 주거정책심의위원, 경기도 도시재생심의위원으로 활동하고 있다. 주택 정책과 주택 시장 연구를 통해 부동산 시장 안정과 산업 선진화에 기여하고 있으며, 최근에는 대안적 금융으로 주목받고 있는 사회적 금융에 관심을 가지고 있다.

이남수
신한은행 장한평금융센터 지점장

건국대학교 부동산학과 박사과정을 수료했다. 경찰공제회 및 사학연금공단 투자심의위원으로 활동했으며, 현재는 금융연수원 자문교수로 활동 중이다. 차분하고 객관적인 예측으로 조선일보, 서울경제, 연합뉴스 등 다양한 매체에 자문하고 있다.

거래절벽 언제쯤
정상화되나

사전에서 '절벽'의 뜻을 찾아보면 '낭떠러지' 혹은 '캄캄하고 어두운 상태'와 같은 부정적인 의미로 풀이되어 있다. 부동산 시장에서는 거래량이 좋지 못한 상태를 비유적으로 표현할 때 '거래절벽'이라는 말을 사용한다.

2018년 9.13대책의 영향으로 부동산 시장에 거래절벽 현상이 이어지고 있다. 2019년 상반기 서울 아파트의 매매 거래는 4만2천 건 이루어졌다. 이는 같은 기간인 2018년 상반기 거래량과 비교했을 때 반토막 수준이다. 거래량 감소와 더불어 공인중개소 폐업 수가 증가했다. 2013년 이후 6년 만에 폐업한 공인중개소 수가 개업한 수를 추월한 것이다.

과연 부동산 거래절벽을 일으킨 부동산 정책은 필요한 것이었을까? 현재 문재인 정부의 부동산 정책이 어떻게 이루어지고 있는지 알아보고, 객관적인 데이터를 통해 부동산 거래 흐름과 패턴을 분석해본다.

부동산 거래 급감 원인은?

심교언

2018년 9.13대책 이후 부동산 거래량이 급감했다. 부동산 시장에서 거래절벽 현상이 이어지는 것은 정부의 대출 규제와 양도세 강화 정책의 영향으로 보인다. 이러한 관점에서 정부의 부동산 정책 필요성, 목표, 시기가 적절했는지 살펴보겠다.

가령 2017년 8.2대책은 정말 필요한 정책이었을까? 그 답을 알려면 2017년 아파트 가격상승률을 봐야 한다. 8.2대책이 발표되기 전인 2017년 전국 아파트 가격은 1.3% 올랐고, 서울 아파트 가격은 5.28% 올랐다. 심지어 지난 31년간 서울 아파트 가격의 평균 상승률은 약 6% 정도였고, 2008년 이후부터 줄곧 안정적인 모습을 보이다가 조금 오른 정도였다. 이러한 상황에서 과연 정부가 8.2대책을 내놓을 만큼 서울 아파트값이 폭등했는가에 대해 의문이 든다.

8.2대책을 발표하기 이전인 2016년 7월부터 2017년 7월까지 강남 집값은 5%밖에 오르지 않았다. 오히려 8.2대책 이후 1년간 강남 집값은 15% 올랐다. 도대체 무슨 일이 있었던 걸까?

2017년은 전국 입주 물량이 38만여 가구로 조사되며 입주 대란설이 돌았다. 이는 2000년 물량인 32만여 가구 이후 역대 최대 물량이었다. 2017년에 입주 물량이 많아진 이유는 2008년 금융위기와 관련이 있다. 금융위기 이후 부동산 경기침체로 건설사들이 수년간 아파트 공급을 미뤄오다가 부동산 시장이 회복세를 보이자 공급 물량을 늘린 것이다. 이로 인해 2017년에는 입주 물량이 상당히 많을 것이고, 공급 초과로 집값이 급락할 것이라는 전망이 많았다.

그런데 집값이 조정받기는커녕 폭등했다. 보통 경기가 좋아지거나 유동성이 늘어나거나 금리가 낮아져야 폭등이 일어난다. 그러나 8.2대책을 기준으로 1년 전과 1년 후에는 폭등이 일어날 아무런 요인이 작용하지 않았다.

이를 근거로 집값의 폭등 원인을 정부의 규제 정책 영향으로 보는 사람이 많다. 수요가 서울로 몰리는 가운데 규제까지 강화되면서 서울 부동산 시장에 매물이 사라졌다. 정부 규제로 양도세가 올라가고, 정부가 임대사업자 등록을 권장하면서 아무도 집을 팔지 않다 보니 아파트값이 폭등한 것이 아니냐는 주장이다. 그래서 정부의 규제가 강화될수록 오히려 집값이 오를 거라는 예측이 많다. 그만큼 규제 영향이 어디로 튈지 모른다는 의미다.

그 다음, 정책의 목표가 적절했는지도 생각해보자. 정부가 내놓는 정책 목표는 왔다갔다한다. 어떤 경우에는 강남 집값 또는 서울 집값을 잡는 것이 목표라고 한다. 그런데 대다수의 국민들은 강남 집값을 잡는 데 정부가 너무 올인하는 것이 아니냐, 그러다 보면 지방이 빈사 상태가 되지 않겠느냐고 말한다.

선진국 가운데 중앙정부가 특정 지역의 집값을 잡기 위해 움직이는 나라는 없다. 국가의 가격 정책으로 공급이 줄어들고 결국은 서민들이 피해를 보게 되기 때문이다. 우리나라에서 정부 정책으로 거래절벽이 나타나는 것처럼 말이다. 이번 거래절벽은 조금 길어질 것 같다. 특히 3년 후에 공급 물량이 급격하게 줄어들면 문제가 발생할 것으로 보인다.

마지막으로 정책의 시기가 적절했는지 살펴보자. 사실 집값을 잡는 가장 편한 정책은 경제성장률을 마이너스로 돌아서게 하는 것이다. 그런데 그런 정책을 펴는 나라는 없다. 다들 집값이 다소 오르더라도 경제를 성장시키는 것이 우선이기 때문이다. 게다가 우리 정부는 재건축 규제를 강화하고 있다. 이로 인해 서울 부동산 공급이 계속 사라지고 전국적인 투기, 투자 수요가 몰려서 시장이 더욱 불안해지지 않을까 우려된다.

2005년에 정부가 부동산 가격을 잡기 위해 투기과열지구를 지정하고 규제 정책을 강화한 적이 있다. 그런데 정책 목표와 반대로 강남 아파트값 상승률이 5%, 많게는 13%씩 올랐다. 투기과열지구를 많이 지정하고 점유제한을 10년으로 지정했는데, 그 결과 강남 아파트값이 27% 올랐다. 결국 부동산 가격을 낮추기 위한 정부의 정책이 오히려 집값을 올리는 정반대의 결과를 가져온 것이다.

문제는 중산층이 정부의 대출 규제 정책으로 내 집 마련을 하지 못하는 것이다. 가계 대출은 증가 속도가 거의 제자리인 반면 전세자금대출은 폭발적으로 증가했다. 그런데 가계 대출로 집을 사지 못하게 되자 상당액의 전세자금대출금이 갭투자에 쓰였다. 2018~2019년의 가격 폭등 장세에서 벌어진 일이다. 이럴 때는 대출 규제를 아무리 해봐야 다른 곳에서 풍선효과가 나타나고 가격은 가격대로 움직인다. 특히 서울 아파트의 경우 절반이 투기지역으로 지정되어 있기 때문에 실수요자들까지도 피해를 보게 된다.

다주택자에 대한 양도세 중과와 보유세 인상도 경제학 이론과 배치되는 측면이 있다. 세계 부동산 시장을 보면, 양도세는 낮추고 거래세와 보유세는 올리는 것이 대세다. 그리고 거의 모든 학자들이 여기에 동의하고 경제학 교과서에도 항상 그렇게 나온다. 양도세는 낮추고 보유세는 높여야 경제가 잘 돌아간다는데 우리 정부는 둘 다 올리고 있다. 이와 더불어 다주택자들에 대한 세제를 강화하고 있기 때문에 앞으로 집값은 더욱 불안해질 것으로 보인다.

우리나라 임대주택 공급자의 약 80%가 다주택자다. 그런데 정부의 정책으로 임대주택 공급자들이 공급을 멈춘다면 서민들을 위한 임대주택이 부족해지는 동시에 가격은 올라가게 된다. 결국 정부는 다주택자를 어떻게 해야 할지 진퇴양난의 상황에 처하게 될 것이다.

분양가 상한제에 대한 이야기도 분분하다. 분양가 상한제는 정부에서 주택 분양가의 최고 가격을 정한 후 그 가격 이하로만 분양할 수 있도록 가격을 규제하는 정책이다. 결국 가격에 관한 이야기인데 경제학 교과서만 봐도 원리를 이해할 수 있다. 수요와 공급 곡선 그래프를 보면, 수요와 공급이 만나는 A지점(P^*, Q^*)에서 수요와 공급이 균형을 이루게 된다. 그러나 정부에서 가격을 낮추면 수요와 공급에 변화가 생긴다. 가격이 내려가니까 ($P^* \rightarrow P1$) 수요의 법칙에 따라 수요량이 급증한다(B지점). 그러나

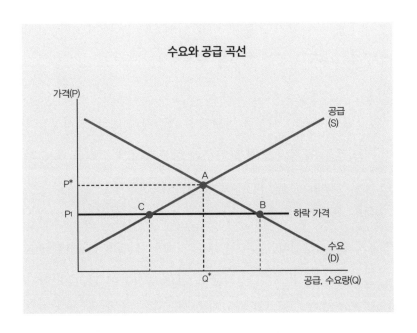

수요와 공급 곡선

공급자 입장에서는 주택을 싸게 팔아야 하는 상황이므로 공급량을 줄인다(C지점). 결국 초과수요가 발생해 아파트값이 상승하게 된다. 물론 정부에서 공급을 늘려 초과수요를 메워주면 해결된다. 그러나 특히 서울에서는 불가능한 일이다.

선진국의 경우 새 아파트가 가장 비싸다. 일본 도쿄에서는 새 아파트를 사면 10년쯤 후에 40% 정도 가격이 떨어진다. 새 자동차도 10년쯤 타고나면 가격이 3분의 1 정도 떨어지는 것이 정상이다. 그런데 우리나라는 새 아파트 가격이 오히려 저렴한 이상한 나라다. 게다가 전 세계에서 부동산 가격이 가장 변하지 않는 나라 중 하나이기도 하다. 이로 인해 OECD나 IMF의 보고서에서 우리나라 부동산 시장을 굉장히 안정적으로 평가하기도 한다.

앞으로의 부동산 시장을 낙관적인 관점에서 보면, 경제성장률이 어느 정도 유지되는 경우 아무리 정부가 규제 정책을 내도 잠깐 시장이 주춤하다가 다시 제 갈 길을 갈 것이다.

반면 비관적인 관점에서 보면, 경제가 무너지는 경우 집값은 오르지 않을 것이다. 1997년 IMF 경제위기 때와 2008년 글로벌 금융위기 때가 그랬다. 지금도 GDP 성장률이 1% 초반이나 0.8%까지 떨어지면 집값은 떨어질 거라고 본다. 물론 강남 집값은 유지되겠지만 다른 지역은 폭락할 수도 있다. 그래서 집값에는 거시경제가 가장 중요하다는 점을 기억해두어야 한다.

최근 상황을 보면 비관적인 관점에 점점 무게가 실린다. 주택 거래량이 엄청나게 감소하면서 거래절벽이 나타나고 있다. 하지만 이런 거래량은 현실적으로 계속 유지될 수 없기 때문에 앞으로 상승할 가능성이 높다. 입주 물량까지 늘어나면 어쨌든 거래량은 증가할 것이다. 그런데 이게 집값 상승으로 이어질지는 거시경제를 좀 더 지켜봐야 한다. 경제가 어느 정도 좋아지지 않으면 몇몇 지역을 제외하고는 집값이 계속 약세를 보일 것이다.

최근 거래 패턴 어떻게 변했나

김덕례

우리나라에서 공식적으로 부동산 거래량을 통계로 잡기 시작한 것은 2006년부터다. 그전인 1997년 IMF 경제위기 때의 부동산 거래량은 알 수 없지만 적어도 2008년 글로벌 금융위기 이후의 부동산 거래량은 어땠는지 통계상 확인할 수 있다. 지금까지의 통계를 통해 부동산 거래량과 거래 패턴을 대략 분석해봤다.

부동산 거래라고 하면 일반적으로 매매 거래를 생각한다. 그러나 부동산 거래에는 매매 이외에 판결(경매), 교환, 증여, 분양권 전매, 기타 소유권 이전과 같이 다양한 거래 패턴이 존재한다. 그중 거래가 가장 활발한 것은 분양권 전매다. 그래서 정부가 부동산 거래 규제를 위해 가장 먼저 내놓은 정책이 분양권 전매제한이었다(2016년 11.3대책). 분양권 전매제한의 여파로 부동산 증여 거래에서 약간의 움직임이 생겼는데, 이는 추후에 설명하겠다.

국토교통부에서 발표한 2015~2019년 5월까지 전국 부동산 거래량을 보면, 부동산 전체 거래량에서 매매 거래량이 차지하는 비중이 큰 폭으로 줄어든 것을 알 수 있다. 즉 매매 거래 이외에 다른 거래량이 증가하며 거래 패턴이 달라졌다는 의미다.

이러한 거래 패턴의 변화는 2015년 이후부터 눈에 띄게 나타났는데, 특히 분양권 전매 거래량과 증여 거래량에 각각 변화가 나타났다.

분양권 전매는 2015년까지 크게 증가했다. 불과 몇 년 전까지만 해도 분양을 받아서 프리미엄 가격을 붙여서 되파는 분양권 전매 거래가 많았다. 지금은 분양권 전매 거래가 전체 부동산 거래의 5% 정도를 차지하지만 과거에는 35%까지 차지할 만큼 활발했다. 그런데 이는 그만큼 집값에 부동산 버블(Bubble)이 끼었을 수도 있다는 의미이기도 하다.

이러한 분양권 전매 거래가 수차례 발생하면서 일정 기간 분양가가 지속적으로 상승하는 문제가 발생했다. 이를 해결하기 위해 정부는 2016년 11.3대책으로 분양권 전매제한 정책을 시행했다. 2016년 이후 분양권 전매 거래량이 크게 감소한 것도 정책의 영향으로 볼 수 있다.

증여 거래는 부동산 거래에서 차지하는 비중이 크지 않았으나 최근 조금씩 증가하는 추세다. 부모 세대에는 집을 마련하는 것이 중요했지, 자식에게 물려주는 것은 중요하지 않았다. 그러나 우리 세대는 다르다. 시장에서 자신이 원하는 가격을 받지 못할 거라면 차라리 자식에게 집을 물려주자는 생각을 하는 사람이 점차 늘고 있다. 예전에는 전국에서 월평균 4천 건 정도의 증여 거래가 있었지만 지금은 월평균 1만 건 정도로 증여 거래가 증가하고 있다.

그러나 증여 거래가 전국적으로 증가하지는 않았을 것이다. 증여가 이루어지는 주택이 농어촌 주택은 아닐 테고 분명 활발히 움직이는 지역이 있는데 그곳이 어디일지 관심을 가져볼 만하다.

사실 서울은 다른 시기에도 증여 거래가 다른 지역보다는 많이 이루어지는 곳이다. 그런데 2016년 이후 규제가 강화되면서 증여 거래 비중이 더욱 늘어났다. 현재 서울에서는 증여 거래가 월 2천 건씩 이루어지고 있다. 이는 전국 증여 거래량에서 20%를 차지한다. '서울에 집이 한 채는 있어야 하지 않나'라는 대중들의 심리가 어느 정도 반영된 것이라 생각한다. 이처럼 부동산 시장의 거래 흐름을 진단할 때 매매 거래 외에 분양권 전매와 증여 거래도 고려하는 것이 바람직하다.

현재 거래절벽이라는 말이 나오는 것은 지난 5년간의 부동산 거래 평균량에 비해 거래량이 50% 줄었기 때문이다. 거래를 안 하겠다는 사람도 있지만 거래를 하고 싶어도 못하는 시장이라고 볼 수 있다. 이러한 현상은 모든 부동산 거래에 해당하는 것이 아닌 아파트 거래에서 특히 심하게 나타나고 있다.

아파트 거래 부진의 가장 큰 문제는 주거 이동이 굉장히 어려

워진다는 점이다. 팔고 싶은 사람은 팔지 못하고 사고 싶은 사람
은 사지 못하는 현상이 발생한다.

입주를 앞둔 아파트의 입주율을 보면 서울 지역만 90%가 넘
는다. 강원도의 경우는 60%다. 10명 중 4명이 기존 집이 팔리지
않거나 대출 규제 강화로 잔금을 대출받지 못해서 입주하지 못
하는 상황이다. 기존 집이 팔려야 목돈을 마련해서 분양받은 새
아파트에 입주할 수 있는데 세입자를 구하기 쉽지 않기 때문이
다. 그래서 분양권을 팔려고 하지만 정부의 규제를 받아 이 또한
어렵다.

이러한 문제가 해결되려면 거래절벽이 해소되고 거래 정상화
가 이루어져야 한다. 거래 정상화를 위해서는 시장에서의 자유
로운 주거 이동이 전제되어야 하지만 현재 정부의 규제 시스템
과 정책 기조 하에서는 쉬워 보이지 않는다.

2008년부터 2017년까지 10년간 연평균 부동산 매매 거래량은
93만 건이었다. 그런데 2019년 1월~6월까지 상반기 매매 거래
량은 31만 건이다. 주택산업 연구원들이 전망하는 2019년 하반
기 거래량은 40만 건 정도로, 2019년 총거래량은 71만 건 정도
인 셈이다. 이는 2012년의 거래량과 유사하다. 2012년은 부동산
시장이 굉장히 안 좋았고 가격도 안 좋았다. 따라서 부동산 거래
정상화는 부동산 규제가 적정 수준으로 회귀되지 않는 한은 굉

장히 어렵다고 봐야 한다.

분양가 상한제 올바른 정책인가

이남수

분양가 상한제란 감정평가한 토지가격에 정부에서 정한 건축비를 합해 분양가를 제한하는 제도를 말한다. 분양가 상한제는 박정희 정부(1977년) 때에도 노무현 정부(2005년) 때에도 실시했던 정책이다. 현 정부가 다시 분양가 상한제를 시행하는 이유는 부동산 가격을 안정적으로 잡기 위해 8.2대책과 9.13대책을 시행했음에도 제대로 효과를 내지 못했기 때문이다.

분양가 상한제는 좋은 점도 있고 나쁜 점도 있다. 가령 현재 강남 아파트의 분양가가 7천만 원인데 분양가 상한제를 실시하면 분양가가 4천~5천만 원으로 떨어지게 된다. 실제로 분양가 상한제가 실시됐던 2015년 이전에 대치동 래미안팰리스 분양가는 3천만 원 정도였다. 그 당시에는 분양가 3천만 원도 비싸다고 했다. 그런데 2015년에 분양가 상한제가 폐지되면서 분양가가 4천만 원이 넘었고 지금은 5천만 원에 육박하게 됐다. 토지가격은 감정평가를 해서 크게 오르지 않으니 건축비가 올랐다

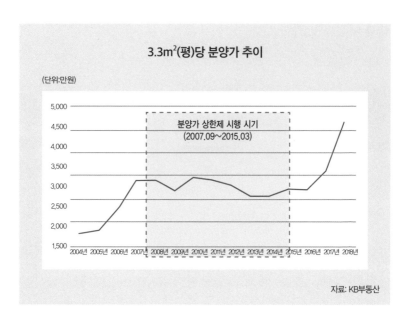

3.3m²(평)당 분양가 추이

(단위:만원)

분양가 상한제 시행 시기
(2007.09~2015.03)

5,000
4,500
4,000
3,500
3,000
2,500
2,000
1,500

2004년 2005년 2006년 2007년 2008년 2009년 2010년 2011년 2012년 2013년 2014년 2015년 2016년 2017년 2018년

자료: KB부동산

고 볼 수 있다. 서초구 푸르지오써밋은 건축비가 630만~680만 원이었는데 2015년도에 1천488만 원까지 올랐다. 건축비가 두 배 이상 오른 것이다.

이처럼 분양가 상한제를 도입해서 건축비를 규제하게 되면 분양가 5천만 원 하던 것이 3천만 원까지도 떨어질 수 있게 된다. 그러다 보니 분양가를 잠재워서 단기적으로는 아파트 가격이 안정된다. 실제로 그래프를 보면 민간택지 분양가 상한제를 실시했던 2008년부터 2014년까지 아파트 시세가 굉장히 안정세를 유지했다.

그러나 이러한 안정세는 분양가 상한제만의 영향으로 보기 어럽다. 2008년 글로벌 금융위기의 영향을 많이 받았고, 2009년에 반값 아파트가 나와 분양가가 저렴했던 것이 시세 안정에 큰 역할을 했다고 볼 수 있다.

분양가 상한제는 분양가를 낮추는 장점도 있지만 그에 따른 부작용도 있다. 먼저 시세차익으로 로또 아파트가 양산될 가능성이 있다. 2005년에도 집값이 크게 상승하자 판교신도시 공공택지에 분양가 상한제를 적용했다. 분양가가 주변 시세보다 훨씬 내려가면서 판교신도시가 완전히 투기장으로 변질되는 부작용이 생겼다.

이를 보완하기 위해 정부는 채권입찰제를 도입하기로 했었다. 채권입찰제란, 민영 아파트를 분양받을 때 분양 예정 가격이 인근 아파트 가격과의 차이가 30% 이상 발생할 경우 이 차액을 채권으로 흡수하는 제도다. 아마 이번에도 유사한 제도를 도입해서 정부가 어느 정도 이익을 환수할 가능성이 있다. 또한 전매제한 기간, 실거주 요건 등도 상당히 강화될 것이다. 하지만 그런 것들을 모두 감안해도 분양가 상한제 하에서 신규 아파트를 분양받는 사람들은 상당한 이득을 볼 수밖에 없다.

또한 분양가 상한제는 중장기적으로 아파트 공급을 축소하는 부작용이 있다. 재개발이나 재건축 사업이 제대로 진행되지 않아 신규 분양 물량은 상당히 줄어들게 된다. 새 아파트나 분양권의 희소성 때문에 오히려 아파트 가격이 오를 것이다.

실제로 지금까지 주택도시보증공사(HUG)에서 신규 분양가를 규제했음에도 분양가가 계속 올랐다. 그러다 보니 기존 주택 가격이 신규 분양가보다 저렴해지는 현상이 나타났고, 신규 분양가에 맞춰서 기존 주택값도 오르게 됐다.

이러한 현상으로 분양가 상한제를 도입한다는 발표가 나자마자 서울에서 급매물이 사라졌다. 집주인이 주변의 신규 아파트 분양을 기다리면 자신의 아파트 가격이 오를 거라는 기대감을 갖게 된 것이다. 이처럼 분양가 상한제는 시장의 자율성에는 굉장히 해가 될 수 있다.

심교언

분양가 상한제는 고분양가를 잡기 위한 제도다. 실제로 효과를 발휘했던 적도 있다. 1990년 강남 지역의 집값이 38% 올랐다. 그러자 정부는 1988년에 발표한 주택 200만호(1기 신도시 포함) 건설에 박차를 가하는 동시에 분양가 상한제를 실시했다. 1991년에 200만호 입주가 시작되면서 강남 지역의 집값은 5% 떨어졌다.

여기서 알 수 있듯이 분양가 상한제는 충분한 공급이 뒷받침이 되어야 가격이 안정된다. 하지만 이제는 충분한 공급이 불가능하고 가격 안정 효과도 기대하기 어렵다.

서울의 경우에는 단기적으로도 가격이 잡히지 않을 거라고 생각한다. 경제 원칙에 따르면, 가격이 오를 경우 공급이 증가해야 가격이 다시 안정된다. 하지만 지금은 정부가 재건축, 재개발 등 모든 아파트 공급원을 막았기 때문에 가격이 올라도 시장은 반응하지 못할 것이고 단기적인 가격 안정 효과조차 사라질 거라고 생각한다.

김덕례

우리나라의 경제 시스템 하에서는 가격 규제가 시장에 긍정적인 효과보다는 부정적인 효과를 더 많이 가져온다. 이러한 측면에서 분양가 상한제는 효력이 없다고 생각한다. 전 국민이 강남 재건축 아파트에 관심을 갖는 것도 아닌데 오로지 강남 재건축 아파트만 보고 정책을 운영한다는 것 자체가 문제다.

흔히 청약 경쟁률이 높고 가격이 비싼 아파트는 모두 강남 재건축 단지들이다. 그런데 대부분의 사람들이 살고 있는 주택은 강남 재건축 아파트와 상관이 없다. 어쩌면 정부가 너무나 왜곡된 지표를 전국 부동산 시장에 확대시킨 것은 아닌가 생각한다.

금리 인하가 부동산 투자에 도움이 될까?

이남수

최근 미국 연방준비제도(FRS)가 기준금리를 0.25% 포인트 낮췄다. 미국이 금리를 낮춘다는 것은 경제가 안 좋다는 것이며, 그만큼 투자할 곳도 없다는 의미다. 전 세계 주요 도시에서는 작년 말부터 고가주택의 가격이 꺾이기 시작했다. 지금은 금리를 조금 낮춘다고 해서 부동산 시장 자체가 금세 개선될 가능성은 없다.

사실 부동산 시장에는 금리 인하보다는 젊은 사람들이 대출을 더 많이 받을 수 있게 하는 편이 중요하다. 예전에는 10억 원 상가를 매입할 때 대출을 8억~9억 원까지 해줬지만 지금은 5억~6억 원 이상 대출을 받기 힘들다. 금융위원회에서 가계부채 대책의 일환으로 아파트뿐만 아니라 상업용 건물에 대한 대출을 규제했기 때문이다.

이런 상황에서는 현금을 확보하고 있는 편이 더욱 유리할 것으로 보인다. 서울의 아파트 입주 물량은 2021년도부터 급격히 줄어든다. 2025년에 물량이 급증하는데 그 물량은 중소형 임대 물량이 70~80%다. 공급 물량이 늘어나도 선호하는 지역의 선호하는 아파트 물량은 상당히 줄어들기 때문에 앞으로는 선호 지역의 분양권이나 입주 10년 이내의 아파트들을 눈여겨보는 편이 좋을 듯하다.

시장이 불안하니 사람들이 그나마 안전자산인 아파트에 관심을 갖는다. 그러다 보니 가격도 쉽게 떨어지지 않는 것이 아닐까 생각한다.

심교언

금리와 집값의 관계에 대해서는 전 세계적으로 수만 편의 논문이 나와 있다. 그런데 논문에 일관되게 나오는 말이 있다. 금리를 인상하면 집값은 하방압력(하락 가능성)이 높아지고, 금리를 인하하면 상방압력(상승 가능성)이 높아진다는 것이다. 압력을 받는 거지 집값이 오른다는 말은 아니다. 그러니까 금리가 하락하면 집값이 올라갈 가능성이 높지만 거시경제가 워낙 좋지 않기 때문에 오히려 전체적으로는 집값이 내려갈 가능성이 높다.

정부는 금리를 인상해도 대출 규제와 총량 규제 덕분에 아무 문제가 없을 거라고 주장한다. 하지만 이런 주장이 무색하게 의외의 풍선 효과들이 나타나고 있다. 전세자금대출이 급격히 늘어나고 있는 것이다.

또 하나, 대출을 규제하면 집을 20채 가지고 있는 다주택자가 피해를 보는 것이 아니라 무주택자가 피해를 보게 된다. 이건 교과서에 나올 정도로 거의 명확한 이론이다. 보통 주택담보대출은 생계형 대출인 경우가 많다. 그런데 주택담보대출이 규제를 받으면서 사람들은 제2금융권, 제3금융권에서 대출을 받게 된다. 서민의 삶이 더욱 고달파지는 것이다. 집값을 잡겠다는 하나의 이유만으로 금리와 대출 규제 정책을 편다면 득보다는 실이 많다.

거래절벽은 정부의 대출 규제와 양도세 강화 정책이 어느 정도 해소되어야 사라질 거라고 본다. 그러려면 아무래도 시간이 걸리니까 단기가 아니라 장기 전망을 보고 투자해야 한다. 그리고 지금 정부가 밀어주는 상품이 하나 있다. 바로 청약이다. 분양가 상한제가 실시되면 청약은 엄청난 대박 사업이 될 것이다. 경쟁률은 수백 대 1에서 수천 대 1까지 가겠지만 말이다. 가점제에 대해 꼼꼼히 알아시고 적극적으로 청약을 노려보길 바란다.

김덕례

정부가 굉장히 다양한 정책을 펴고 있지만 가장 중요해 보이는 것은 국토부 정책이 아니라 금리 정책과 조세 정책이다. 사실 금리는 주택과 관련된 정책이 아니다. 금리가 내려가면 집값이 올라갈 거라고 생각하기 전에 경제가 그만큼 나쁘다는 것을 간파해야 한다. 게다가 우리에게 직접적으로 영향을 주는 것은 한국은행의 기준금리가 아니라 시장금리다. 그러니 미국 연방준비제도(FRS)나 한국은행의 금리 인하에 너무 민감하게 반응하지 않는 편이 낫다.

헝가리 투자자인 앙드레 코스톨라니(Antre Kostolany)의 달걀 모형이론은 금리가 가장 높을 때 그리고 금리가 아주 낮을 때 여유자금으로 무엇을 해야 하는지를 쉽게 설명해준다. 이론에 따르면 금리가 낮아지는 시기에는 여유자금이 부동산에 몰리는 경향이 있었다.

그러니 투자도 과거와 다르게 해야 한다. 레버리지에 기대는 투자가 아니라 임팩트 투자를 해야 한다. 예전만큼 수익을 내지 못하더라도 가치 있는 곳에 투자해서 조금이라도 수익을 내는 방향으로 가야 한다. 교과서적으로 말하면 항상 수요가 있는 곳이어야 하고, 사람이 붐비는 곳이어야 임팩트 투자가 된다.

박원갑
KB국민은행 부동산 수석전문위원

중앙일보 부동산 담당 기자 출신으로 한국부동산산업학회 부회장을 지냈다. 2007년 한국경제TV가 선정하는 '올해의 부동산 전문가 대상'을 받았다. 지은 책으로는 《한국인의 부동산 심리》, 《부동산 미래쇼크》가 있다.

부동산 핫이슈
점검 및 대처법

부동산 시장의 전망은 생각보다 잘 맞지 않는다. 그러니 전망에 중점을 두기보다 상황이 닥쳤을 때 어떻게 대응할지 준비하는 자세가 필요하다. 즉 지금은 사람들의 소음에서 벗어나 차분히 자신의 자산을 재설계할 때다.

자산 재설계에는 불필요한 곁가지를 자르고 돈을 모으는 작업이 필요하다. 하지만 생각만큼 쉬운 일은 아니다. 그래도 좀 더 장기적인 안목으로 3~5년의 기간을 잡고 자신에게 맞는 투자 로드맵을 짜야 한다. 그리고 이를 자신만을 위한 투자 보고서로 만드는 과정이 필요하다. 이때 자신의 이론이나 계획만 믿지 말고 직접 발로 뛰는 실천이 중요하다.

1천 톤의 계획보다 1g의 실천이 미래를 결정한다는 사실을 기억하며 미래 시장에 유연하게 대처하는 방법을 알아보자.

한국 사회의 미래와 부동산

먼저 미래 부동산 시장이 어떻게 움직일지 간략하게 살펴보겠다. 미래 부동산 시장을 예측할 때 고려해야 할 사항이 몇 가지 있다.

첫 번째 '인구 쇼크'다. 종종 저출산 고령화에 대한 우려 섞인 보도가 언론을 도배하곤 한다. 그만큼 우리에게 저출산 고령화 문제는 발등에 떨어진 불이다. 저출산 고령화로 인해 인구 쇼크 또는 인구 절벽 현상이 나타나면 상권의 붕괴, 소매의 종말, 거래의 소멸로 이어질 것이고 우리의 삶도 달라질 것이다.

두 번째는 기후 변화다. 대기오염이나 미세먼지 등이 심해지면 앞으로는 숲세권이니 천(川)세권이니 하는 말이 무색하게도 콘크리트 캐슬에 갇혀 살아야 할 것이다. 콘크리트 캐슬이란, 공조시스템이 잘 갖춰져 있는 커뮤니티 중심의 4세대형 아파트를 말한다. 우리는 미세먼지와 대기오염이 심해질수록 콘크리트 캐슬에 걸맞은 도심지향적 사고방식을 가져야 한다.

세 번째는 AI(Artificial Intelligence), 인공지능의 등장이다. 현재 우리나라는 자동차 산업 발달로 전 세계에서 로봇 사용률 1위를 기록하고 있다. 최근 보고서를 보면 앞으로 20년 안에 전체 근로자의 약 45%가 로봇으로 대체된다고 한다. 이러한 시대에는 성장주의보다는 분배주의가 힘을 얻게 된다. 부동산도 마찬가지다. 다주택 과세는 더욱 강화될 것이므로 집은 한 채만 소유하라고 권하고 싶다.

그런데 우리나라의 부동산 시장에는 전문가들의 예측과는 맞지 않는 흐름이 하나 있다. 바로 나이가 들면 부동산을 줄인다는 예측이다. 우리나라 부동산 시장은 1955~1963년 사이에 태어난 베이비부머 세대가 장악하고 있다. 700만 명의 베이비부머가 전체 주택의 18%를 소유하고 있기 때문에 이들이 은퇴하면 집값이 떨어진다는 보고가 있었다. 이들의 고령화 비율이 1% 올라갈 때마다 집값이 2.45% 하락한다는 주장도 있었다.

하지만 2014년 12%였던 고령화 비율이 지금은 14% 정도로 올라갔음에도 집값은 5% 하락하기는커녕 30% 가까이 올랐다(서울 기준). 갭투자도 60대가 가장 많이 했고 베이비부머 비율이 높은 지역일수록 해당 지역의 아파트값도 올랐다.

어떻게 보면 지금의 모든 부동산 관련 문제는 베이비부머들의 초과 수요에서 발생한 셈이다. 제로섬(Zero-sum, 한쪽이 이득을 보면 다른 한쪽이 손해를 보는 상태) 게임이 펼쳐지는 부동산 시장에서 베이비부머가 노후 대책으로 부동산 재테크를 하고 있다. 은퇴 이후 주택연금에 가입해 집을 처분하지 않고 거주하면서 연금을 받는 노후 안전판으로 삼는 것이다. 이로 인해 시장에 매물이 나오지 않아 젊은 세대들은 상대적으로 어려움을 겪고 있다.

부동산 정책 짚고 넘어가기

현재 정부의 부동산 정책을 살펴보면, 전반적으로 혜택이 축소되고 규제가 강화되고 있음을 확인할 수 있다. 사실 앞으로 부동산 시장이 어떻게 될지는 전망하기 어렵다. 지금은 전망보다는 정부의 정책 내용을 정확히 파악하는 것이 우선되어야 한다. 현재 정부가 시행하고 있는 정책을 자세히 살펴보자.

① 임대주택 등록 혜택 축소

정부는 임대주택 등록에 대한 혜택도 많이 줄였다. 특히 임대소득세의 경우 8년 장기 임대를 기준으로 75%를 감면하다가

2021년부터는 50%만 감면하기로 했다. 앞으로는 1주택자가 굉장히 메리트가 클 것 같다. 기준 시가가 9억 이하면 월세를 아무리 받아도 비과세이기 때문이다. 지방의 경우 9억 원 이하인 다가구주택을 소유하고 임대를 놓으면 좋을 것 같다.

② 단독주택 부수토지 범위 축소

앞으로 1가구 1주택자의 비과세 적용 대상에서 부수토지(주택 정착면적과 주거생활면적을 이루는 토지)의 범위가 축소된다. 지금까지 주택정착면적(주택을 하늘에서 내려다봤을 때 외벽 등으로 둘러싸인 건물의 면적)의 5배에 해당하는 부수토지는 주택과 함께 1가구 1주택 비과세를 적용해왔지만 2022년 양도분부터 수도권 도시 지역은 주택정착면적의 3배에 해당하는 부수토지만 비과세 혜택을 받을 수 있다.

③ 상가주택 세금 강화

정부는 1가구 1주택자가 소유한 고가 점포겸용주택에 대해서 세금 부담을 늘렸다. 주택과 상가를 구분해서 주택 부분만 양도소득세 비과세 혜택을 주는 것이다. 우선 실거래가 9억 원을 초과하는 겸용주택은 주택 부분에만 1가구 1주택 양도세 비과세 혜택과 80% 장기보유특별공제를 적용(2022년 양도분부터)한다.

④ 부부 공동명의 종부세 감면

요즘 부부 공동명의를 많이 한다. 그런데 부부 공동명의는 처음부터 하는 편이 낫다. 중간에 공동명의로 바꾸면 취득세가 4%다. 분양권의 경우 전매금지 기간에도 공동명의가 가능하다. 배우자끼리는 전매가 된다. 다시 말해 증여가 된다는 의미다.

하나 더 짚자면, 1가구 1주택 종부세 감면은 단독명의에만 허용된다. 그러니 아주 비싼 집은 공동명의가 오히려 불리할 수 있다. 특히 중간에 배우자와 공동명의로 바꾼다면 더욱 골치 아픈 상황이 생길 수도 있다. 현재 종부세는 1가구 1주택에 한해 최대 70%까지 감면된다.

위기 속 기회, 주택 청약과 무순위 청약

로또 분양이라는 말이 나오면서 청약통장에 관심이 많아졌고 가입자도 폭발적으로 늘어났다. 아파트에 투자하고 싶다면 청약 제도에 주목하자. 청약통장은 몇 가지 주의할 점이 있다. 우선 투기과열지구와 조정대상지역에서 1순위가 되려면 세대주이면서 무주택자이거나 1주택자여야 하며, 5년 안에 당첨된 적이 없어야 한다.

투기과열지구에서 85m² 이하의 주택은 100% 가점제이기 때문에 1주택자는 청약이 되지 않는다. 그러니 청약하기 전에 자신이 소유한 부동산이 무주택에 해당되는지 아닌지 알아볼 필요가 있다. 오피스텔이나 무허가주택은 무주택으로 간주된다. 도시형 생활주택의 경우에는 전용면적 20m² 이하를 한 채 가지고 있다면 무주택으로 간주된다. 요즘 단독주택을 자녀와 공동명의로 하는 경우가 많은데 이때 땅만 자녀에게 주어야 자녀가 무주택자가 된다.

특히 주의가 필요한 경우는 1주택자가 수도권과 광역시에서 청약이 당첨될 때다. 분양받은 새 아파트에 입주 후 기존 주택을 6개월 안에 처분하지 못하면 당첨 자체가 취소된다. 그러니 청약을 하면 골치 아픈 상황이 발생할 수 있다. 이 경우에는 무순위 청약을 노려보는 편이 낫다.

무순위 청약에는 두 가지 방법이 있다. 하나는 이른바 '줍줍'이라고 부르는 미계약 미분양 물량을 무작위 추첨을 통해 당첨자를 결정하는 방법이다. 줍줍은 청약통장이 없거나 유주택자여도 만 19세 이상이면 신청이 가능하다. 다른 하나는 계약 취소분 재분양이다. 줍줍과 다른 점은 세대주와 세대원이 모두 무주택자여야 한다는 점이다. 두 가지 방법 모두 기존 주택을 6개월 안에 팔지 않아도 된다.

자산 재설계를 위한 주택 투자 팁

현재 수도권 부동산은 가격 급등 후 고원현상이 나타날 가능성이 있다. 부동산 가격은 고원 위에 올라가면 잘 빠지지 않는다. 한번 올라가면 한참을 횡보하다가 올라가거나 내려간다. 개인적으로는 집값이 크게 오를 수 없다고 생각한다. 현재 부동산 가격은 2012년 저점에 비해 거의 두 배나 올랐기 때문이다. 지금 아파트를 갈아타거나 투자를 생각하고 있다면 아래 '주택 투자 팁'을 참고해 조금은 보수적으로 접근하기를 권한다.

① 갭투자

전셋값이 낮아져서 갭투자는 어려워진 상황이다. 게다가 대출 규제와 보유세 압박으로 거래절벽도 계속되고 있다. 많은 사람들이 분양가 상한제 시행으로 기존 아파트를 사기보다는 분양을 기다린다. 그래서 당분간은 박스권(가격이 일정한 상한선과 하한선 안에서만 오르내리며 상한선과 하한선을 깨지 못하는 현상)에서 거래가 위축될 것으로 예상된다.

② 신혼희망타운

신혼희망타운이 앞으로 히트 상품이 될 것으로 보인다. 예비

부부에게 주어지는 혜택이지만, 여기서 주목해야 할 점은 초혼 뿐만 아니라 재혼도 해당된다는 점이다. 그래서 경쟁률이 높은 편이다. 기본 자격요건을 살펴보면, 부부 연소득을 합산해 맞벌이의 경우 8천400만 원, 외벌이의 경우 7천700만 원인 가구에게 자격이 주어진다. 또한 순자산이 2억5천만 원 이하여야 하며 둘 다 무주택이어야 한다.

신혼희망타운 입주자는 총 2단계에 걸쳐 가점제로 선정한다. 그런데 1단계에서 결혼 예정인 신혼부부이거나 결혼한 지 2년 이내인 부부를 대상으로 물량의 30%를 우선 공급한다. 즉 아이가 없는 부부도 당첨을 노려볼 만하다. 2단계부터는 결혼한 지 7년 이내인 부부도 대상이 되기 때문에 1단계보다 상대적으로 경쟁률이 높다.

③ 다세대, 다가구주택

다세대, 다가구주택의 경우 세입자와 갈등이 생기는 경우가 많다. 그러니 강심장이거나 부처님 같은 공생 마인드를 가져야 한다. 세입자 관리에 따른 감정노동의 힘겨움에도 불구하고 다세대, 다가구주택은 은퇴자들의 로망이다. 안정적으로 임대수익을 올리려면 다세대, 다가구주택의 입지가 좋아야 한다. 입지가 좋아야 공실이 나지 않기 때문이다.

④ 상가

상권의 흐름은 물의 흐름과 유사한 특징이 있다. 그래서 예로부터 산관(山管)은 인정이요, 수관(水管)은 재물이라 했다. 산은 사람의 성품을 관리하고 물은 재물을 관장하는 것이다. 구릉지대는 비가 오면 물이 흘러나간다. 즉 돈이 흘러나간다는 말이다. 사람도 흘러나간다. 역삼역, 대치동, 논현역에 상권이 제대로 생기지 않고 경리단길이 금세 몰락한 것도 해당 지역들이 구릉지대이기 때문이다.

상권은 사람의 발소리가 들려야 발달한다. 차 타고 다니는 도시가 되면 상권이 평지보다 성공하지 못한다. 그래서 신도시의 상가를 분양받은 사람들이 굉장히 어려움을 겪는다. 신도시는 차를 타고 다니는 곳이기 때문이다.

상가에 투자할 때는 세 가지를 기억해야 한다. 첫째, 화려한 포장에 현혹되지 마라. 둘째, 너무 높은 수익률은 뻥튀기된 것일 수 있다. 셋째, 상가는 금리 변동과 경기 흐름에 취약하다.

⑤ 꼬마빌딩

요즘 꼬마빌딩에 관심을 가지는 사람들이 많다. 다만 공시지가가 많이 올랐다는 점을 고려해야 한다. 예전에는 땅의 공시지가의 2배 정도인 꼬마빌딩에 투자를 하라고 했다. 그런데 요즘에는 공시지가가 너무 많이 올라서 공시지가의 2배를 기준으로 삼으면 자칫 상투를 잡을 수도 있다. 그러니까 2019년 공시지가 보다는 2018년 공시지가로 판단하는 것이 좋다.

꼬마빌딩에 투자할 때는 임차를 어떻게 채워 넣을지도 미리 고민해두어야 한다. 임차를 놓는 것이 생각보다 만만치 않아서 요즘 빌딩 푸어(Poor)도 등장했다는 점을 기억하라.

부동산은 당신에게 모든 것인가, 아니면 아무것도 아닌가? 마음먹기에 따라 모든 것일 수도, 아무것도 아닐 수도 있다. 다만 행복해지려면 소유를 늘리지 말고 욕망의 크기를 낮추란 말을 해주고 싶다. 갈수록 복잡해지는 세상에서 심플(Simple)하고 이지(Easy)하게 살라. 소유와 거주를 분리하거나 주택연금에 가입하면 집값으로 스트레스를 받는 일이 줄어들 것이다. 행복해지기 위해서는 자신과 남들을 비교하지 말고 어제의 나와 오늘의 나를 비교하며 변화를 도모하라. 그리고 매 순간을 즐겨라.

손재영
건국대 부동산학과 교수

국토개발연구원 책임연구원과 한국개발연구원 연구위원을 역임했다. 도시 및 부동산 경제학, 재정학, 계량경제학 분야의 전문가로서 여러 정부 위원회에 참여했다.

두성규
한국건설산업연구원 선임연구위원

국토교통부 중앙공동주택관리 분쟁조정위원회 조정위원, 한국집합건물법학회 부회장, 주거복지포럼 상임집행위원, 한국 주거서비스소사이어티 이사, 대한주택건설협회 정책자문위원을 역임하고 있다.

김규철
국토교통부 공공주택 추진단장

국무총리실 세종시기획단, 국토교통부 해외건설지원과장, 국토교통부 수도권정책과장, 국토교통부 국토정책과장을 역임하고 있다.

신도시 집값은
어디로 튈까

　정부가 2019년 5월, 3기 신도시 입지를 추가로 발표한 후 부동산 시장이 굉장히 들끓고 있다. 정부는 신도시 개발을 통해 주택 공급을 안정화시키고 공급 부족을 해소하겠다고 밝혔다. 궁극적으로 집값을 잡기 위해 3기 신도시를 의욕적으로 추진하고 있다. 그로 인해 많은 사람들이 3기 신도시가 성공할 것인지, 향후 부동산 시장과 수도권 집값에 어떠한 영향을 미칠 것인지에 관해 궁금해하고 있다. 부동산 전문가를 통해 3기 신도시를 둘러싼 몇 가지 궁금증과 의혹을 풀어본다.

수도권 30만호 주택 공급 추진 방향

김규철

어떤 사람은 집값이 오르기를 바랄 거고 어떤 사람은 집값이 내리기를 바랄 것이다. 나는 정부에서 일하는 사람으로서 부동산 가격이 안정적으로 유지되기를 바란다. 집값이 안정적으로 유지되어야 청년, 신혼부부, 무주택 서민들이 미래를 계획하고 내 집을 마련할 수 있기 때문이다. 정부의 부동산 정책도 가격을 안정되게 유지하는 정책이 좋은 정책이라고 생각한다.

최근 3년은 과거 10년에 비해 주택공급이 상당히 많았다. 그러나 2023년 이후에도 주택이 안정적으로 공급될지에 대해서는 많은 의문이 제기되고 있다. 이러한 상황에서 정부가 발표한 수도권 30만호 주택공급 계획은 시장 심리를 안정시키는 데 굉장히 효과적이었다고 생각한다.

젊은이들은 지옥고(지하, 옥탑방, 고시원)라는 열악한 주거 환경에서 생활하고 있다. 게다가 신혼집을 마련하는 것이 부담돼 결혼과 출산을 기피하고, 이는 인구 감소라는 사회적 문제로 확대되고 있다. 그런데도 우리나라 공공임대주택의 재고율은 전 세계적으로도 부족한 6.7% 수준에 불과하다.

그래서 정부는 가능하면 실수요자 중심의 시장 안정책이 필요하다고 판단했다. 무주택자가 가능하면 집을 싸게 살 수 있도록 해주고, 집을 살 능력이 없는 사람에게 임대주택을 공급해주는 정책이 필요했던 것이다. 이러한 취지로 발표한 2018년 9.13대책으로, 과열됐던 시장은 현재까지 안정세를 유지하고 있다. 주택시장이 실수요자 중심으로 많이 전환되면서 갭투자 비율도 낮아졌다. 무주택자가 청약에 당첨되는 확률도 100%에 육박할 정도로 시장이 개편됐다고 생각한다.

9.13대책의 연장선에 있는 것이 수도권 30만호 주택공급 계획이다. 세 차례에 걸쳐서 발표한 수도권 30만호 주택공급 계획에서 신도시급은 다섯 곳이다. 지역적으로는 서울과 인천을 비롯해서 대부분 경기도에 위치한다. 경기도라고는 하지만 서울과 1.3km 이내의 입지적으로 좋은 위치다.

이번 신규 택지 조성에는 3가지 목표가 있다. 첫 번째는 서울 도심까지 30분 안에 출퇴근이 가능해야 한다는 점이다. 그러기 위해 광역교통개선부담금을 2배 이상 투입할 예정이다. 두 번째는 신규 택지 내에 일자리를 만들겠다는 점이다. 1, 2기 신도시에서 지속적으로 제기됐던 문제가 일자리 부족이다. 그래서 서울로 계속 출퇴근을 해야 했다. 3기 신도시는 일자리 확충을 위해 도시지원시설 용지를 넓게 확보하고 기업지원허브도 조성할 계획이다. 세 번째는 아이 키우기 좋은 도시다. 이러한 목표

수도권 주택 30만호 연도별 입주자 모집 계획

(만호, 변동 가능)

구분	계	2022년	2023년	2024년	2025년	2026년 이후
주택수	30	7.0	6.7	5.8	6.1	4.4

* 3기 신도시 5곳의 분양은 2022년부터 진행된다.
* 3기 신도시는 고양 창릉(3.8만호), 부천 대장(2만호), 남양주 왕숙(6.6만호), 하남 교산(3.2만호), 인천 계양(1.7만호)으로 총 17.3만호다.

자료: 국토교통부

로 3기 신도시를 추진하고 있다.

30만호 주택공급의 경우 중소규모 택지는 2020년부터 분양을 시작하고 신도시는 빠르면 2022년부터 분양할 계획이다. 30만 호 주택공급이 차질 없이 진행된다면 2022년 이후에도 주택공급 기반이 확고하게 갖추어지기 때문에 주택 시장이 안정적으로 유지될 것이라 예상한다.

신도시 개발이 공급 부족을 해소할까?

손재영

정부가 신도시 개발로 주택공급을 하는 것은 바람직하다고 생각한다. 집값은 서울 강남을 중심으로 오르고 있다. 서울 주변에 신도시를 아무리 개발해봐야 강남 집값을 잡는 데는 도움이 되지 않는다. 그러나 서울까지 출퇴근 시간이 걸리더라도 좋은 주거환경에서 살고 싶어 하는 수요도 있다. 만약 신도시가 체계적으로 개발되지 않았더라면 이들은 도시의 열악한 주거환경에서 살아야 했을 것이다. 이러한 측면에서 신도시 개발은 필요했고 바람직했다고 생각한다.

두성규

3기 신도시 개발은 불필요하다고 생각한다. 3기 신도시가 아니더라도 서울을 제외하면 수급 상황에는 문제가 없다. 지방이나 일부 경기도 지역에는 오히려 미분양이 쌓여 있다. 그러니 공급 물량은 부족하지 않다는 생각이 든다.

3기 신도시의 경우 서울 지역에 질적으로 좋은 주택을 기대하는 수요 심리를 충족시켜야 하는데 엉뚱한 곳을 개발하는 것이다. 그러니 서울 도심에 주택을 공급받고 싶어하는 사람의 바람을 전혀 채워주지 못한다.

단순히 숫자만을 본다면, 서울에도 빈집이 8만 가구나 있다. 그러나 그 집들은 집을 필요로 하는 수요층이 원하는 주택이 아니다. 서울에 질 좋은 주택이 충분히 공급되어야 하는데 현재 재건축이나 재개발은 많은 규제를 받고 있다. 재건축의 경우 작년에 안전진단 기준이 강화된 이후 정밀안전진단까지 통과한 단지는 방배동의 한 개 단지밖에 없다. 결과적으로 3기 신도시는 서울 수요를 충족시킬 수 있는 대안이 되지 못하며, 대체성이 없다는 측면에서 불필요하다고 생각한다.

김규철

지금 시대가 서울과 수도권을 확연하게 구분할 수 있는 시대인지 의문이 든다. 서울 인접의 경기도 지역은 사실상 서울권이라고 봐도 무방하다. 특히 3기 신도시는 서울과 거리가 더 가깝기 때문에 서울에 집중된 주택수요를 충분히 분산해줄 것으로 생각한다.

3기 신도시는 단순히 공급 측면만을 고려한 정책이 아니다. 최근 주택공급이 안정세를 유지하고 있지만 2023년 이후의 공급 상황을 보면 굉장히 감소하는 추세라 주택 시장 안정화와도 연관되어 있다.

또한 3기 신도시는 주거 여건도 고려한 정책이다. 수도권의 주거 여건은 양적으로나 질적으로나 아직도 많이 부족한 상황이다. 실제로 수도권 내에서 최저 주거기준에 미달인 가구가 64만 가구나 된다. 이러한 가구에게는 정부 차원의 주거대책이 절실히 필요하다. 즉 저렴한 가격으로 주택을 공급해야 하고, 그것조차 구입할 여력이 없는 가구에게는 공공임대주택을 공급해야 한다. 이러한 문제를 해결할 방법은 결국 신도시 개발이 될 수밖에 없다고 생각한다.

주택 공급, 왜 서울이 아니고 수도권인가

김규철

서울 시내에 주택을 최대한 공급하는 것이 최선이긴 하다. 그러나 주택 시장의 안정성을 감안하면 서울에 주택을 공급하기 위해 재건축 재개발을 전면적으로 풀어주는 것은 쉽지 않다고 생각한다. 수도권만 하더라도 무주택자가 절반 가까이 된다. 이들에게 주택을 구입할 기회를 주려면 비싼 서울보다는 사실상 서울 생활이 가능한 인접한 수도권에 교통시설을 만들고, 저렴한 가격에 대규모로 주택을 공급하는 것이 최선의 방법이라고 생각한다.

두성규

신도시에서 서울로 출퇴근하려면 불편하기도 하고 비용과 시간도 많이 든다. 3기 신도시에는 서울과의 접근성을 위해 교통망을 확보할 거라고 했지만, 서울까지의 출퇴근을 용이하게 하는 교통망을 확충하려면 엄청난 비용이 든다. 3기 신도시에 자족시설을 넣는다는 것은 높게 평가하지만 교통망 확충은 현실성이 조금 떨어진다고 생각한다.

손재영

신도시는 신도시고, 재건축은 재건축이라고 생각한다. 엄연히 수요층이 다르다. 3기 신도시에 들어가는 사람은 대부분 처음으로 내 집을 마련하는 신혼부부이거나, 무주택자일 것이다. 반면 재건축, 특히 강남 재건축에 투자하는 사람은 서울에 거주 중이면서 연세가 있고 돈도 어느 정도 있는 사람이라고 생각한다. 재건축은 집주인이 자기 집을 부수고 새로 짓겠다는 건데 왜 정부가 반대하는지 이해가 잘 안 된다.

3기 신도시가 풀어야 하는 과제

손재영

실제로 2기 신도시 주민들은 3기 신도시에 굉장히 많은 불만을 가지고 있다. 서울과 2기 신도시 사이에 3기 신도시가 들어서면 자신들은 뭐가 되냐는 거다. 비교우위가 있는 새로운 신도시가 들어서면 2기 신도시가 상대적으로 피해를 입을 거라며 저항하고 있다.

두성규

정부는 부동산 수요 심리를 억누르기 위해 투기수요라는 프레임을 씌워서 부동산 수요를 억제해왔다. 그렇게 부동산 시장을 안정시키려고 했지만 계획대로 되지 않았다. 결국 시장 내에서 공급 부족이 근본적인 문제라는 지적이 나오자마자 2018년 9.13대책을 내놓았다. 대출 규제와 세제 강화 그리고 3기 신도시를 출범하는 대책이다. 그런데 과연 3기 신도시가 시장수요를 충분히 충족시켜줄지에 대해서는 의구심이 든다.

특히 3기 신도시는 여러 가지 이해관계가 얽혀 있다. 2기 신도시가 시작된 지는 오래됐지만 현재의 공정률은 30~40% 수준에 머문다는 말이 있다. 그 와중에 좀 더 서울과 근접한 3기 신도시가 발표되자 이해관계가 충돌하고 국민들 간의 갈등이 심화되고 있다.

3기 신도시도 공급 부분에서 시장이 원하는 것을 내놓았는데 왜 반응이 기대했던 만큼 환영받지 못하고 있느냐, 이것은 말 그대로 서울 시내의 공급 부족을 대체할 수 있는 수단으로 나온 건데 과연 대체할 수 있는 효과가 있을 것인가 의문이 풀리지 않고 있기 때문이다.

정부는 수급에 의해 결정되는 가격마저 분양가 상한제로 압박하려고 한다. 하지만 선례를 보면 분양가 상한제가 성공적인 결과로 이어진 적이 없다. 현재 청약통장 가입자는 늘고 있는 반면, 청약통장을 사용하는 사람은 크게 변하지 않고 있다. 이는 나중에 분양가가 낮은 아파트가 나왔을 때 청약을 하겠다는 의미로 해석할 수 있다. 한마디로 분양가 상한제가 수요를 교란시키고 있는 것이다.

주택이란 본질적으로 개인이 보유한 재화다. 공공택지는 어느 정도 공공성이 가미되어 있다고 생각하지만 민간택지는 분양가 상한제를 적용할 만큼의 공공재라고 보지 않는다. 그런데도 정부 주도로 부동산 시장을 이끌어간다는 것은 난센스라고 생각한다.

김규철

3기 신도시를 포함한 30만호 주택공급 계획은 추진에 어려움이 많다. 2기 신도시 주민들의 반발도 컸다. 이를 해결하기 위해 현재 지방자치단체, 전문가, 시민 모두가 참여해서 갈등을 해소하고 신도시와 기존 도시가 함께 발전할 방법을 찾고 있다.

원주민들의 재정착을 지원하기 위해 협의체를 만드는 등 각종 방안들도 고민하고 있다. 신도시를 개발하려면 원주민들이 기존의 터전에서 이동을 해야 하는 문제가 있다. 지금까지는 원주민들에게 금전적 보상에만 집중했다면 이제는 신도시가 완공된 후 재정착할 수 있도록 대토보상(현금 대신 토지 개발 이후 다시 땅을 돌려주는 보상 방식)을 활성화하기 위해 준비하고 있다.

3기 신도시의 교통대책이 인근 지역에 도움이 되는 방안도 모색 중이다. 일례로, 3기 신도시의 교통대책으로 인근 1,2기 신도시의 교통을 개선하는 동시에 3시 신도시의 자족성을 확보해 지역이 함께 발전할 수 있도록 활용하는 것이다.

3기 신도시가 성공할까?

두성규

3기 신도시에 대해서는 시장의 기대감이 상당히 크다. 그에 따라 내 집 마련을 준비하는 사람들도 많을 거라 생각한다. 자신의 주거지를 선택하는 기준에서 교통은 중요한 요소 중 하나다. 자녀 교육 문제도 주거지 선택에 있어서 상당한 비중을 차지한다. 많은 사람들이 강남에 들어가려는 것도 교육이 중요한 이유로 작용하기 때문이다.

그런데 3기 신도시가 교통망 확충으로 직주근접을 어느 정도 충족시킨다고 해서 사람들이 모여들까? 교육 문제도 단순히 국공립 유치원을 유치하겠다는 선언만으로는 해결되지 않는다. 어느 정도 부분적인 해결은 되겠지만 현실을 반영한 근본적인 해결책과는 동떨어져 보인다. 이런 부분들에 대해서 정부가 좀 더 깊은 고민을 해야 3기 신도시가 성공하지 않을까 생각한다.

손재영

3기 신도시가 성공하는 데 관건은 교통망 확충과 일자리 유치다. 문제는 그 자금이 어디서 오느냐는 것이다. 지금까지의 신도시는 땅을 팔아 교통망이나 기반시설을 갖추었다. 1기 신도시 가운데 분당은 면적이 넓다 보니 기반시설 확충에 필요한 자금을 확보할 수 있었다. 반면 2기 신도시는 면적이 작았기 때문에 자금을 확보하지 못했고 기반시설을 제대로 갖추지 못했다.

3기 신도시는 규모가 크지 않다. 그래서 기반시설에 필요한 비용을 확보할 수 있을지 걱정이다. 정부가 예산을 풀어서 2기 신도시와 3기 신도시를 연결하고 제대로 교통망을 갖춰야 하지 않을까 생각한다.

김규철

3기 신도시가 서울 도심에 교육 여건과 기반시설이 갖추어진 강남 같은 곳에 생기면 가장 좋지만 현실적으로 불가능한 상황이다. 신도시의 경우 제일 중요한 것은 교통대책이다. 이와 더불어 많은 기업들이 들어와서 신도시 내에 자족성도 확보해야 한다. 여기에 교육 여건까지 갖춰지면 금상첨화다.

정부가 사업을 추진하는 취지는 공공주택 지구를 지정함으로써 서민들이 저렴하게 살 수 있는 공간을 공공분야에서 제공하는 것이다. 그래서 어느 정도는 한계가 있을 수밖에 없다. 3기 신도시의 교통대책 관련해서도 과거에는 총 사업비의 10% 정도를 부담하던 광역교통개선 부담금을 2배 늘렸다.

2기 신도시의 경우 부족했던 교통시설들에 정부재원이 투입되다 보니 예비타당성조사를 거치는 과정에서 사업이 상당히 지연되는 부작용이 있었다. 3기 신도시는 가능하면 자체적으로 재원을 충당하고 입주 전에 시설이 완비되게 하려고 노력 중이다.

자족 기능과 관련해서는 2기 신도시 중에 판교신도시를 예로 들겠다. 판교신도시에는 기업들이 굉장히 많이 들어와 있다. 그중에는 강남 테헤란로에서 옮겨간 기업도 있고 새로운 스타트업들도 있다. 그러나 사실상 돈이 넉넉하지 않은 스타트업은 판교에 들어갈 여건이 되지 않는다. 또한 판교에서 일하는 사람들이 판교에서 거주하기도 쉽지 않다. 판교에는 굉장히 고가의 아파트들밖에 없기 때문이다.

그래서 정부는 3기 신도시의 자족 기능을 충족하기 위해 어떻게 해야 가장 효율적으로 기업들을 유치할 수 있을지를 연구하고 있다. 스타트업이나 근로자들을 위한 저렴한 숙소를 제공하는 등의 대안들도 준비하고 있다.

앞으로 수도권 집값 어떻게 될까?

두성규

3기 신도시가 1, 2기 신도시의 집값에 부정적인 영향을 미칠지에 대해서는 단정적으로 말하기 어렵다. 3기 신도시의 경우 서울 수요에 대한 대체성이 희박하다. 서울 수요를 흡수하기보다는 배후도시의 수요를 흡수하는 양상이 전개될 것이다.

예를 들면, 대전의 경우 구도심에서 신도심으로 수요들이 옮겨가고 다시 세종신도시로 이동하는 양상에 비추어보면 일산이나 파주에서 3기 신도시의 창릉 지구로 수요가 옮겨가는 상황이 되지 않을까 생각한다. 그러니 3기 신도시는 서울의 수요를 흡수하지 못하는 상태에서 1, 2기 신도시 주민들에게 심리적인 부담감만 심화시킬 가능성이 크다고 본다.

국가에서 광역교통개선부담금을 2배로 올리겠다고 했으나 토지보상금과 광역교통개선부담금의 수익성도 충분히 보장되면서 저렴하게 주택이 공급되어야 하는데 과연 가능할까?

최근에 지방 사람들이 서울 소재 부동산, 특히 주택을 구입한 비중이 전년도에 비해 2배가량 증가했다는 보도가 있다. 이처럼 서울에 대한 선호 자체는 10년 후에도 바뀌지 않을 것이다. 만약 서울의 재건축 재개발 규제가 지속된다면 공급 부족의 우려가 가격 상승을 부채질할 것이라고 본다.

3기 신도시가 성공적으로 마무리된다면 더할 나위 없이 다행이지만 그렇지 않을 경우에는 수도권, 특히 경기권에 공급 물량의 부담으로 작용함으로써 시장 자체가 굉장히 힘겨워질 수도 있다.

김규철

3기 신도시가 배후 도시의 주택 가격에 영향을 미칠 거라는 우려가 있다. 과거 사례를 보면, 한때 분당 주민들도 위례와 판교신도시를 반대했다. 그러나 지금은 위례와 판교신도시 때문에 분당 집값이 하락한다는 말은 없다.

3기 신도시가 발표됐던 서북부 지역은 2018년 9.13대책 이후 시장 안정 추세가 유지되면서 약간의 집값 하락세가 있긴 했다.

그러나 이 사례는 특정 지역만의 이야기가 아니라 전체 수도권에 해당한다. 오히려 일부 지역은 2019년 7월부터 오름세로 전환되기도 했다. 단순히 단기적으로 특정 지역의 집값만을 볼 것이 아니라 전체적으로 부동산 시장의 이점을 봐야 한다.

3기 신도시의 공공주택은 대부분 분양가 상한제가 적용된다. 부지도 저렴한 곳을 선정했기 때문에 과거의 신도시에 비해서는 원가가 상대적으로 저렴한 편이다. 그러니 수도권에서 주택을 구입하거나 임대를 얻을 때의 비용보다 상당히 가격이 저렴할 것이다.

그리고 3기 신도시 인근에 도시첨단산업단지를 지정하게 되면 취득세, 재산세, 조성 원가 측면에서 유리하기 때문에 기업 유인책이 되지 않을까 생각한다. 결과적으로 3기 신도시의 교통 대책과 자족시설은 기업을 유치하고 사람을 유인하며 배후 지역의 발전 동력이 될 것이라 생각한다.

1기 신도시 때에는 1988년에 발표한 후 입주가 시작되는 1990년대 초반까지 주택 가격이 안정 추세를 보였다. 2기 신도시도 마찬가지였다. 2000년대 초반부터 일부 주택의 가격이 올라간 측면도 있지만 입주 시점인 2000년대 후반부터는 지속적으로 안정세를 유지했다. 이번 3기 신도시도 크게 다르지 않을 것이며, 10년 후의 주택 시장은 전반적으로 안정세를 유지할 것이라고 전망한다.

손재영

3기 신도시 입주까지 앞으로 10년이 남았다. 10년이면 정말 긴 시간이다. 요즘처럼 모든 것이 빠르게 변하는 시대에 10년 후를 예측한다는 것은 어려운 일이다. 그러나 확실한 것이 하나 있다. 아마 10년 후에는 재건축을 막지는 않을 거라는 점이다. 강남 재건축은 주민이 원하는 대로 진행되면 분명 주택 가격에 긍정적인 효과가 있을 것이다.

반면 서울 외곽 지역은 조금만 집값이 올라도 정부가 계속 새로운 공급대책을 내놓는다. 그러니 서울 외곽 지역의 집값 흐름은 그렇게 낙관적이지 않을 거라는 생각이 든다. 제값을 내고 편하게 주거생활을 하려는 사람들이 들어가서 몇 년 살다가 나오는 식이 될 것이다.

만약 정부가 약속한 대로 광역교통망이나 일자리 등이 원활하게 갖추어진다면 수도권 전체의 주거생활 수준이 높아지겠지만 과연 정부가 약속한 목표가 실현될지는 모르겠다.

2장

실수요자
똑똑한 주택 마련하기

이상우
익스포넨셜 대표

서울대학교를 졸업하고 하나대투증권, 하나금융투자, 유진투자증권에서 전문 애널리스트로 활동했다. 2015년부터 〈월간 부동산 라이프〉를 발간하여 정확한 시장 분석과 투자 전망을 제시하고 있다. 지은 책으로 《대한민국 부동산 대전망》, 《대한민국 아파트 부의 지도》가 있다.

2020년 현명한
부동산 투자 전략

부동산 시장에서는 현명한 투자가 필요하다. 현명한 투자의 기본은 무엇일까? 남들이 관심 없을 때 은밀히 투자하는 것이다. 남들이 관심을 가지는 순간 시장에서 매물이 사라지기 때문이다.

이러한 관점에서 투자의 적기는 부동산 가격이 좋지 않았던 2019년 1~3월이었다고 볼 수 있다. 지금은 가격이 문제가 아니라 매매가 힘들어져서 투자하기 적합한 시기가 아니다.

2020년 투자 전략을 설명하기에 앞서 2019년 부동산 시장의 특징을 몇 가지 정리해보자.

2019년 부동산 시장 특징

먼저 청약 열풍이 뜨거웠다. 하지만 연초에 예상했던 만큼 청약은 이루어지지 못했다. 많은 사람들이 기대했던 위례신도시, 강남, 과천지식정보타운, 둔촌주공아파트는 청약 시장에 나오지 않았다. 과연 실수요자가 분양을 원하는 시기에 청약이 가능할지 의문이다.

두 번째 특징은 서울 전역의 전셋값 상승이다. 전셋값은 매매가의 선행 지표인데 서울 전역의 전셋값이 2019년 6월부터 오르기 시작했다. 서울의 전셋값은 재건축 아파트의 이주가 시작되면 오른다. 2020년에는 서초구 일대 재건축 단지 이주가 본격화될 예정이다. 그로 인해 전셋값 상승이 더욱 커질 것으로 예상된다.

마지막 특징은 강남3구의 가격 움직임이다. 상반기에 강남 재건축 아파트의 대장주인 은마아파트 가격이 고점 대비 많이 떨어졌다. 반면 사람들이 선호하는 우선미(우성, 선경, 미도)아파트 가격은 하나도 떨어지지 않았다. 오히려 상승세를 유지했다. 그래서 은마아파트의 가격 움직임으로 재건축 아파트 가격이 전반적으로 하락할 것이라 기대했던 사람들은 굉장히 충격을 받았다.

이처럼 청약 시장은 불투명하고, 전셋값은 오르며, 재건축 아파트 가격은 예측이 불가능한 상황에서 어떻게 해야 현명하게 투자할 수 있을까? 2020년 부동산 시장에 대처하는 투자 전략을 집중적으로 알아보자.

2020년 부동산 투자 전략

투자 전략의 결론부터 이야기하면, 앞으로는 토지와 아파트가 투자 대상으로 매력적이라 생각한다. 그러니 토지와 아파트에 맞춰 투자 전략을 짜도록 하자. 그렇다면 토지와 아파트, 어디에 투자해야 할까?

현금으로 10억 원 이하를 가지고 있는 사람은 아파트에 적극적으로 투자하기를 권한다. 보통 땅값보다 집값이 더 많이 오른다고 생각하지만 사실은 땅값이 집값보다 훨씬 많이 오른다. 그런데 땅은 오르는 곳만 많이 오르기 때문에 자금도 많고 투자에 능숙한 프로 투자자가 투자하면 좋겠다. 아마추어 투자자는 땅보다는 아파트에 투자하기를 권한다.

반면 현금으로 10억 원 이상 보유하고 있다면 유망한 땅에 투자하기를 권한다. 서울 근처의 땅값을 보면 가격이 내려가는 곳이 없다. 특히 SK 하이닉스가 위치한 용인 처인구의 땅값이 가장 많이 올랐다.

울릉도 땅값도 상당히 많이 오르고 있다. 왜 울릉도 땅값이 뜬금없이 오를까? 울릉도 공항이 착공되면 교통이 엄청나게 좋아질 것이기 때문이다. 반면 창원, 진해, 마산, 거제, 울산 동구 같은 지역들은 땅값이 내려가고 있다. 전체적으로 웬만한 땅은 가격이 상승하는데 어째서 이 지역들만 땅값이 오르지 않는 걸까? 그 이유는 땅에 대한 수요가 줄어들고 있기 때문이라고 해석할 수 있다. 앞서 땅값이 오르는 지역으로 뽑았던 용인과 울릉도의 경우 지역 기반 사업으로 수혜를 입었다. 반면 창원, 진해, 마산, 거제, 울산 동구는 수혜가 일어날 만한 지역 기반 사업이 없다. 결국 땅에 대한 수요는 점점 줄어들고, 땅값은 오르지 않는 것이다.

무주택자, 어떤 집을 사야 할까?

무주택자는 집을 사기 전에 먼저 본인에게 거주안정성이 필요한지를 생각해보자. 거주안정성이 필요 없다면 전세를 살아도 무방하다고 생각한다. 반면 출산 예정이거나 학교에 들어갈 아이가 있다면 거주안정성을 고려해 내 집을 마련할 필요가 있다.

집을 사기로 마음먹었다면 신축 아파트를 매입할지, 아니면 입지 좋은 구축 아파트를 매입할지 고민할 차례다. 신축 아파트를 선호하는 사람들 중 간혹 청약을 통해서만 아파트를 매입하려는 사람이 있는데, 2019년 하반기 청약 시장은 불투명하다. 그러니 신축 아파트 매입을 생각하고 있다면 현재 입주자를 모집 중인 아파트를 매입하는 것도 고려해보자. 무주택자는 아파트를 매입해본 적이 없을 가능성이 크므로 1,2년 내로 입주가 가능한 새 아파트를 매입한 후 거주하면서 향후 투자 전략을 다시 짜보는 것도 방법이다.

그런데 지금 당장 거주할 아파트를 찾는다면 새 아파트보다 입지 좋은 구축 아파트를 매입하는 것도 괜찮다고 생각한다. 이때 강조하고 싶은 점은 매입을 '지금'하라는 것이다. 어쨌든 앞으로도 아파트값은 오를 것 같기 때문이다.

1주택자의 위기

현재는 1주택자가 집을 매입하거나 이사를 하기에 적절한 시기가 아니다. 특히 지금으로부터 8~9년 전인 2010년쯤에 결혼한 1주택자는 정말 고민이 클 것이다. 이들은 대개 자신이 모은 돈, 부모님의 도움, 전세자금대출로 3억 원 상당의 24평 아파트를 전세로 시작했을 가능성이 크다. 그러다가 4~5년 후인 2014년쯤에 아이가 태어나면서 평수를 높여 이사를 했다. 당시에는 주택담보대출비율(LTV)이 아파트 가격의 50%까지 가능했다. 그래서 주택 가격의 절반에 해당하는 금액인 3억5천만 원을 빌려서 7억 원 상당의 34평 아파트로 이사할 수 있었다. 그렇게 매입한 7억 원 아파트는 실거주하는 동안 가격이 13~16억 원까지 올랐을 가능성이 크다. 갑자기 10억 원대 부자가 되니 이제 20억 원대 안팎의 좋은 집으로 이사를 하고 싶어진다. 그러나 과거와 다르게 지금은 주택담보대출비율(LTV)이 상당히 낮아졌다. 대출이 안 되니까 자산이 10억 원이나 있음에도 이사를 하지 못한다.

이처럼 지금은 대출을 규제하고 있기 때문에 1주택자, 특히 현금이 없는 1주택자의 경우 이사하는 데 어려움을 겪고 있다. 현금이 있는 사람은 벌써 좋은 곳으로 이사했다. 게다가 지금은 과거와 다르게 아파트 매입 시 제반비용이 많이 발생한다. 취득세와 수수료도 많이 들고 이것저것 하다 보면 대략 1억 원이 더 필요하다. 결과적으로 현재는 1주택자가 이사하기 어려운 상황이다. 내 아파트 가격이 많이 올라서 수평이동이 아니라 상향이동을 하고 싶은데 현재 부동산 시장을 보면 움직일 수가 없는 것이다.

부동산 세제 강화, 매매하면 손해일까?

부동산 매매를 생각하는 사람 중에 세금 걱정으로 거래를 포기하는 경우가 있다. 그러나 앞으로는 부동산 거래도 세금을 내고 한다는 생각으로 발상을 전환해야 한다. 더 이상 비과세로 거래하려고 하면 안 된다.

부동산 세제에 대한 걱정 중 많은 비중을 차지하는 것이 보유세와 양도세다. 보유세를 걱정하는 사람은 대부분 1주택자와 무주택자다. 다주택자는 생각보다 보유세 걱정을 하지 않는다. 왜냐하면 평소에 납부하던 세금이기 때문이다. 반면 1주택자와 무주택자는 보유세의 상승폭에 상당히 민감하게 반응한다. 그러나 이들이 걱정하는 만큼 보유세의 상승폭은 크지 않을 뿐더러,

상한선이 50%로 정해져 있다. 매매를 포기할 만큼 보유세를 걱정하는 건 좀 과하다고 생각한다.

양도세는 집을 팔 때 발생하는 거니까 집을 안 판다면 세금이 아무리 올라도 상관없다. 다만, 양도세가 많이 오르면 부동산 시장에 매물이 나오지 않고 증여 거래가 증가하게 된다. 누가 세금을 많이 내고 굳이 팔고 싶겠는가. 차라리 증여를 해서 자식에게 주는 편이 낫다. 양도세 증가는 시장에서 매도 물량을 줄이는 아주 대표적인 역할을 한다.

2020년부터의 부동산 거래와 투자는 비과세가 아니라 절세 방법으로 전략을 짜야 한다. 그러니 세금을 모두 납부한 후 자신에게 얼마가 남는지를 꼭 계산해보라. 세전 기준이 아니라 세후 기준으로 계산했을 때 수익이 발생한다면 해볼 만한 거래라고 생각한다.

간혹 다주택자 중에 값이 많이 오를 부동산에 투자하는 것이 아니라 자랑하기 좋은 부동산에 투자하는 사람이 있다. 투자에서는 무엇보다 수익률 제고가 중요하다. 구축이든, 재개발 재건축이든 가격이 제일 많이 올라갈 수 있는 부동산에 투자하는 것이 옳다.

철도와 지하철, 신노선 주변을 주목하라

GTX는 10년 전부터 이야기가 나왔었다. 여기서 한 가지만 짚고 넘어가면 GTX 노선이 전부 급행은 아니라는 점이다. GTX A노선은 모두 급행이지만, GTX B와 C노선은 급행이 아닌 곳들이 많다. 그리고 GTX를 경기도하고만 연관 짓는 사람들이 많은데 중요한 점은 GTX가 개통되면 서울에서도 교통이 애매했던 지역들이 GTX의 이점을 누리게 된다는 것이다. 특히 C노선이 개통하면 서울 외곽 지역의 가치가 상승할 것이다. C노선이 지나가는 광운대역과 양재역은 눈여겨볼 만하다.

대다수의 전문가들이 GTX에 관심을 가진다. 그러나 개인적으로는 GTX보다 신안산선과 동북선 경전철 착공을 관심 있게 보고 있다. 특히 동북선이 개통되면 북서울꿈의숲과 장위뉴타운의 가치가 부각될 것이라고 본다. 신안산선의 경우 시흥, 독산, 금천구 지역을 상당히 긍정적으로 보고 있으며 동북선은 노도강(노원, 도봉, 강북구)과 금관구(금천, 관악, 구로구)가 투자 목적으로 상당히 매력적이라고 생각한다.

지하철 8호선이 연장되는 구간(암사역~별내역)은 실거주자, 특히 강남으로 출근하는 사람이라면 주목할 필요가 있다. 별내역, 갈매역, 다산역, 구리역 주변은 앞으로 많이 달라질 것이며 가치가 오를 가능성이 크다. 다만, 8호선 연장 사업이 연기되면서 현재 배후 지역의 아파트 단지들은 한동안 세입자를 구하기 어려워질 것으로 보인다. 비슷한 경우가 한강신도시와 김포공항을 연결하는 김포도시철도의 개통 연기다. 철도 개통은 항상 지연된다. 개통은 언제 될지 모른다. 즉 착공할 때 매입해도 크게 늦지 않는다는 말이다. 반면 신안산선과 동북선은 올해 착공하므로 눈여겨볼 필요가 있다.

돈 되는 주택 찾기 3가지 원칙

성공적인 투자란 돈이 되는 곳을 잘 골라서 투자하는 것이라 생각한다. 돈이 되는 부동산을 고를 때 잊지 말아야 할 3가지 원칙을 소개한다.

첫째, 투자는 내가 돈이 필요할 때 팔 수 있는 환금성이 좋아야 한다. 부동산 투자에서 환금성이 좋은 주택은 아파트다. 반대로 환금성이 나쁜 주택은 땅콩주택, 단독주택, 연립주택, 다세대주택이다. 그러니 아파트에 투자하는 것이 좋다.

둘째, 가구 소득 수준이 높은 지역을 선택한다. 주택 가격은 가구 소득에 비례한다. 지금 우리나라 집값이 계속 오르는 이유는 그만큼 가구 소득이 늘었기 때문이다. 그런데 모든 계층의 가구 소득이 증가하는 것은 아니다. 우리나라의 가구 소득 증가율을 보면, 고소득 계층일수록 소득증가율이 높았다. 그러니 고소득층이 소비하는 고가주택과 이들이 거주하는 지역의 주택 가격이 더 많이 오르는 것이다. 전국에서 고가주택은 지방보다 서울에 더 많다. 지방보다 서울 주택 가격이 많이 오르는 것도 이러한 이치로 설명할 수 있다.

셋째, 앞서 말한 고소득층이 어디를 주거지로 선택할지를 알면 투자처가 명확해진다. 고소득층이 주거지를 고를 때 중요하게 보는 요소는 교통, 육아, 자녀교육, 재테크, 주거환경이다. 이중 특히 육아와 자녀교육 시설이 잘 조성된 곳에 몰린다.

간혹 은퇴한 50대 이후의 남성이 산 밑으로 이사하고 싶다는 말을 한다. 그러나 절대 도심을 벗어나지 말아야 한다. 도심 밖으로 나가서 살고 싶다면 전세든 월세든 구해서 사는 편이 낫다. 도심에 있는 집을 팔고 이사를 가는 어리석은 결정은 하면 안 된다. 배우자가 이런 결정을 하려고 한다면 무조건 못하게 해야 재산이 집에 쌓인다.

박합수
KB국민은행 부동산 수석전문위원

국민은행에서 31년간 재직하며 건축, 대출, 경매, 감정평가, 자산관리 분야의 전문성을 쌓았다. 지금은 17년째 부동산 자산관리 상담을 전문적으로 하고 있다. 건국대학교 부동산대학원 부동산 최고위과정 강사와 한국금융연수원 자문교수로 활동하고 있으며, 조선비즈 부동산아카데미에서 강의하고 있다. 지은 책으로 《사고팔기 전에 꼭 알아야 할 부동산 용어사전》, 《2019 비금융자산(부동산) 투자설계》, 《부동산 기본지식》 등이 있다.

꼭 알아야 부자 되는
부동산 핵심 지역

지금은 향후 부동산 시장이 어떻게 바뀔지 고민이 필요한 시점이다. 상당히 많은 사람들이 실수요자의 매입시기로 언제가 적기인지, 재건축과 재개발 아파트에 투자해야 할지 판단이 서지 않는다고 말한다. 이러한 고민은 부동산 시장의 영원한 숙제와 같다. 뒤에서 자세히 설명하겠지만, 결론부터 말하면 매입시기로 적절한 때는 지금 이 순간이다.

매입적기는 집값이 조정될 때인데 조정은 이미 2019년 상반기에 됐다. 앞으로 추가적인 조정은 기대하기 어려워 보인다.

지금 이후부터 조정이란 의미는 집값이 내려가진 않는다는 의미로 받아들이면 된다.

그러니 실수요자는 자신의 자금 계획과 대출 상환능력을 철저하게 파악한 후 시장에 적극적으로 뛰어들어야 한다. 만약 청약 가점이 높다면 청약 시장에 집중할 필요가 있다.

전세 상황을 잠깐 이야기하면, 전세는 주거비 부담이 가장 적다. 그러나 전세보증금은 시간이 지나도 자연상승분이 발생하지 않는다. 은행의 정기예금하고 똑같다. 전셋값은 지금부터 정확하게 2년 후에 급등할 우려가 있다. 서울과 경기도의 전셋값이 모두 상승할 우려가 있기 때문에 지금 2년 전세를 계약하는 것보다는 주택을 매입하는 것이 훨씬 더 유리한 전략이다.

그래서 결론은 매입이다. 구체적인 매입시기와 방법은 아파트 수급 동향을 분석해 어느 정도 해답을 구할 수 있다.

수도권 아파트 입주 물량 분석

아파트 수요가 일정할 것이라는 가정하에 입주 물량, 즉 공급 물량으로 부동산 시장을 분석하면 80% 적중한다. 그러나 주의할 점은 전국 물량을 토대로 분석하면 오류가 발생한다는 것이

아파트 입주 물량(2016~2021년)

구분	2016	2017	2018	2019	2020 (예상치)	2021 (예상치)
전국	295,504	386,876	453,906	397,149	336,995	210,770
수도권	124,109	175,331	225,779	200,777	179,709	110,100
서울	26,744	27,924	36,596	43,917	41,013	19,303
경기	87,771	128,858	167,130	140,227	120,312	74,769
인천	9,594	18,549	22,052	16,633	18,384	16,028
비수도권	171,395	211,545	227,551	196,372	157,286	100,670

자료: 국토교통부

다. 서울과 부산, 대전과 대구 등 지역적인 상황이 다르기 때문에 적중률이 80%가 아니라 8%도 안 되게 떨어진다. 그만큼 부동산 시장을 분석할 때 통계자료에서 전국 물량은 의미가 없다고 생각하면 된다.

2016년 당시에 전국 아파트 입주 물량을 토대로 시장을 분석했던 전문가들은 2017년의 입주 물량은 38만 가구, 2018년은 45만 가구로 계산해서 무려 80만 가구 이상 아파트가 입주할 것이라 분석했다. 그러니 공급 과잉으로 아파트 가격이 하락할 것이라 전망했다. 그러나 전문가들의 전망과 다르게 아파트 가격은 뛰어올랐다. 마포역 근처 대림 아파트(34평)를 예로 들면, 2015년 도 초에 가격이 정확히 7억 원이었으나, 2017년도에 10억 원으로 올랐고 현재는 15억5천만 원에 이른다. 전문가들의 전망대로라면 공급이 증가했으니 가격이 내려가야 하는데 오히려 가격이 오른 것이다. 결국 이러한 오류는 전국 수치를 토대로 시장을 분석했기 때문이라고 볼 수 있다. 그러니 입주 물량을 분석할 때는 지역을 최소한 시와 도 단위로 나누어서 분석해야 한다.

2016년 입주 물량을 시와 도 단위로 나누어서 다시 분석해보면 서울 입주 물량은 2만7천 가구, 2017년은 2만8천 가구로 공급이 거의 늘어나지 않았다. 공급 부족이 지속됐기 때문에 아파트 가격이 오를 수밖에 없었다.

그러면 2019년 서울의 입주 물량을 분석해 향후 부동산 시장을 전망해보자. 2019년 서울의 입주 물량은 4만3천900가구로 아파트 공급량이 많았다. 그러나 이후 서서히 입주 물량이 감소하고 정확히 2년 후인 2021년에는 입주 물량이 반토막이 난다. 새 아파트가 절반으로 줄어들기 때문에 전셋값이 불안해질 우려가 있다.

공교롭게도 서울 아파트 공급량이 줄어드는 시기에 경기도 입주 물량 또한 줄어든다. 경기도의 입주 물량이 감소하는 이유는 간단하다. 2기 신도시와 보금자리주택이 거의 마무리 단계여서 더 이상 신규 택지가 없기 때문이다.

사실 경기도 입주 물량은 2년 후가 아니라 당장 2020년부터 감소한다고 보면 된다. 경기도 용인시는 인구가 100만 명이 넘지만 2020년 새 아파트 입주 물량은 2천 가구도 되지 않는다. 수원시는 인구가 120만 명 정도인데 아파트 입주 물량이 1천 가구 남짓밖에 되지 않는다. 당장 내년부터 수급불균형 문제가 수도권 시장에 대두될 확률이 다분해 보인다.

수도권 미분양 아파트 물량 분석

앞에서 수도권 아파트 입주 물량을 알아봤다. 부동산 시장에서 입주 물량은 시장을 선제적으로 끌고 가는 선행지수라면, 미분양 아파트 물량은 일종의 후행지표다. 입주 물량을 먼저 분석하고 그에 수반하여 미분양 물량을 분석하면 시장의 방향성을 해석할 수 있다.

2019년에는 전국에 6만 가구의 미분양 아파트가 있다(108쪽 미분양 아파트 물량 표). 6만 가구라는 물량은 사실 정상적인 물량이다. 10년 전인 2009년에 전국 미분양 아파트는 16만6천 가구였고 그중 10만 가구가 해소됐기 때문에 남은 6만 가구는 전혀 많은 물량이 아니다.

미분양 아파트 물량(2016~2019년)

구분	2016.12	2017.12	2018.12	2019.3	2019.4	2019.5
전국	56,413	57,330	58,838	62,147	62,041	62,741
수도권	16,689	10,387	6,319	10,529	9,445	10,218
서울	274	45	27	770	292	178
인천	3,053	1,549	1,324	2,454	2,105	3,478
경기	13,362	8,793	4,968	7,305	7,048	6,562
비수도권	39,724	46,943	52,519	51,618	52,596	52,523

자료: 국토교통부

2019년 5월 기준, 서울의 미분양 아파트는 178가구이지만 금세 두 자릿수로 줄어들 것이다. 인구 1천만 명의 도시에서 미분양 아파트가 단 100가구도 되지 않는 셈이다. 결국 서울에는 미분양 아파트가 없다고 생각하면 된다.

그렇다면 경기도는 어떠할까? 2019년 5월 기준, 경기도의 미분양 아파트는 6천500가구다. 이 숫자 역시 정말 별것 아닌 수준이다. 게다가 경기도의 입주 물량도 2019년 14만 가구에서 급격하게 떨어져서 2년 후인 2021년에는 7만 가구가 된다(105쪽 아파트 입주 물량 표). 입주 물량이 절반으로 줄어드니 결국 경기도 미분양 아파트 6천500가구는 아예 없다고 생각해도 무방하다는 의미다. 왜냐하면 지금 남은 미분양 6천500가구 중에 거의 3천 가구는 평택과 안성의 물량이다. 평택과 안성은 경기도의 주요 지역이 아니기 때문에 경기도 주요 지역의 미분양은 3천 가구밖에 되지 않는다. 게다가 2020년이나 2021년에 공급이 크게 줄어들면 미분양 아파트 6천500가구도 함께 소진될 것이다.

인천의 상황도 살펴보자. 인천은 인구가 300만 명에 달하고, 2019년 5월 기준 미분양 아파트는 3천400가구다. 이를 정확하게 해석하려면 시군구 단위별로 파악해야 한다. 인천 서구의 검단신도시에 2천 가구의 미분양이 몰려 있다. 이는 두 번 다시 오지 않을 절대적인 매수 기회다. 입주는 2023년경 거의 마무리될 것이다. 2기 신도시의 마지막 물량이고 더 이상은 물량이 없다.

인천 검단신도시 이외에 남아 있는 2기 신도시 미분양 아파트 물량은 양주 옥정신도시와 파주 운정신도시가 있다. 그런데 양주는 거리상 부담이 있다. 파주 운정신도시는 GTX가 들어가기는 하지만 인천 검단신도시보다는 접근성이 떨어진다. 인천 검단신도시의 미분양 아파트는 계약금 5%만 내면 중도금 무이자로 들어갈 수 있다. 게다가 평당 1천200만 원 아파트는 이제 나올 가능성이 거의 없고 2천 가구 미분양도 많은 물량은 아니므로 역세권 위주로 투자해볼 만하다.

인천 중구 영종도에도 미분양 아파트가 500가구 정도 있다. 2017년에 영종GS자이가 대략 10년 전인 2009년의 분양가로 분양하겠다고 홍보했었다. 2009년 분양가는 1천만 원이었다. 그런데 2017년에 10년 전의 분양가로 내놓았는데도 미분양이 되고 말았다. 시세가 평당 700만~800만 원, 심지어 500만 원까지 떨어지기도 했다. 7억 원에 분양받은 70평 아파트가 3억5천만 원까지 떨어진 셈이다. 결국 10년 전의 가격도 유지하지 못했다고 볼 수 있다. 평당 700만~800만 원 아파트는 경상북도 울진 정도의 분양가다. 수도권에서 평당 700만~800만 원은 원가 이하로서 앞으로 더는 나올 수가 없다.

그런데 영종도는 10년 후면 아주 매력적인 도시로 탈바꿈할 것으로 예상된다. 리조트, 컨벤션센터, 카지노 사업이 어느 정도 활성화되고, 영종도와 육지를 잇는 교량인 제3연륙교(영종~청라)가 개통되면 영종도는 서울에서 단 30~40분 만에 바다와 이어지는 입지가 된다. 그래서 인천의 반전은 충분히 기대할 만하다. 게다가 검단은 지하철 5호선이 연장된 김포한강선이 들어가기로 되어 있어서 기대해도 좋아 보인다.

가구 수 증가와 주택 수요의 관계

통계청에 따르면 우리나라는 2028년에 인구가 감소한다. 그런데 인구 수의 변화를 토대로 '인구감소 → 주택 수요감소 → 주택 가격하락'으로 단순하게 해석하면 주택 시장을 명확하게 파악할 수 없다. 위의 논리는 지방 소도시와 농어촌 주택 시장의 몰락을 설명하는 데에만 해당된다. 주택 시장은 지역 간에 대체가 되지 않기 때문에 서울에서 주택이 부족한 것과 경상도에서 집이 남아도는 것은 서로 아무런 관련이 없다. 경상도에 빈집이 수백, 수천 가구가 있어도 서울 집값에는 영향을 미치지 않는다.

그래서 주택공급과 인구문제는 시장을 세부적으로 좁혀서 생활권 중심으로 분석해야 한다. 현재 서울은 주택보급률이 97% 밖에 되지 않는다. 수도권 전체 주택보급률은 99%다. 사실 주택보급률은 100%라 하더라도 부족하다. 이사를 오갈 경우 임시적으로 빈집이 있어야 하기 때문이다. 그래서 정상적으로 수요와 공급이 맞춰지려면 주택보급률은 최소 110% 정도는 돼야 한다.

서울의 인구가 1천만 명 이하로 내려갔다는 얘기도 나오지만 그것 또한 전혀 걱정할 일이 아니다. 서울에는 주민등록 없이 거주하는 지방의 유학생을 비롯한 사람들이 많다. 다시 말해 통계에 잡히지 않는 수요가 서울에 상당히 많기 때문에 서울에는 '인구감소 → 수요감소 → 가격하락'이라는 논리가 적용되지 않는다.

여기서 핵심은 주택을 소유하는 것은 인구가 아니라 가구라는 점이다. 주택 시장의 수요는 1가구 1주택, 1가구 3주택처럼 철저하게 가구 기준으로 움직인다. 우리나라의 가구 수는 2043년까지 증가할 것으로 예측되니 아무리 2028년부터 인구가 감소해도 가구는 계속 늘어나기 때문에 수요도 늘어날 것이다.

그렇다면 가구 수는 왜 증가하는 걸까? 가구분화 현상이 빠르게 이루어지고 있기 때문이다. 1, 2인 가구가 증가하는 현상과 더불어 부동산 시장에서는 중소형, 심지어 초소형 아파트가 인기를 얻고 있다. 1, 2인 가구의 경우 거주하는 가구원 수가 적은데 가구원 수 대비 대형 평형을 매입할 만큼 구매 능력을 갖추지 못하기 때문이다.

현재 서울의 25평 아파트는 10억 원이 넘는다. 대출을 하지 않는 한 10억 원이면 평범한 급여생활자는 구매 능력이 없다. 연봉을 1억 원 받는다고 하더라도 10년을 꼬박 모아야 살 수 있다. 심지어 지금은 대출도 규제하는 상황이다. 그러니 앞으로는 수요자의 구매 능력에 맞춘 현실적인 아파트, 즉 면적을 줄인 소형 아파트 중심으로 수요가 집중될 것이다.

지금까지는 25평, 34평이 주력이었다면, 앞으로는 18평대 초소형 아파트가 주력이 될 가능성이 크다. 이는 실수요자뿐만 아니라 투자자에게도 해당되는 사항이다. 투자자도 10억 원 안쪽의 소형 아파트를 사서 월세를 받는 식으로 해야지, 마포에 34평 15억 원 아파트를 사서 월세를 받겠다는 전략은 그닥 좋아보이지 않는다. 앞으로는 초소형 아파트가 대세가 될 것이니 트렌드의 변화에 적응하면서 시장을 바라보아야 한다.

실수요자의 매수 적기는?

지금까지 부동산 시장의 수요와 공급 동향을 살펴봤다. 정리해보면, 앞으로 주택 공급은 줄어들며 그로 인해 주택 가격이 급등할 우려가 있다는 것이다. 특히 서울 지역의 실수요자는 어느 때보다 가격 급등으로 인한 부담감이 클 것이다. 이러한 상황에서 실수요자가 매입을 언제 해야 좋은지, 그리고 어떠한 전략을 짜야 할지 알아보자.

우리나라 인구는 5천200만 명이고 그중 수도권에 2천600만 명이 모여 산다. 2천600만 명은 서울을 중심으로 반경 30km 이내에 거주한다. 수도권의 주택수요는 차고 넘쳐서 앞으로 10년이고 20년이고 가격이 내려갈 일은 거의 없다. 당분간 서울 주택 가격은 강보합세(시세가 이전과 비슷하거나 조금 상승세를 유지하는 상태)일 것으로 예상된다.

실수요자에게 매입 적기는 주택 가격이 조정되는 시기이지만, 조정은 이미 상반기에 이루어져서 추가적인 조정은 거의 기대하기 어렵다. 따라서 이후에는 가격이 내려가지 않는다는 전제하에 매입에 나서면 된다. 매입 타이밍은 앞에서 말했듯이 지금이 순간부터다. 좀 더 정확히 말하면 2019년 연말 안에 사는 것이 가장 적절하다. 내년, 내후년으로 갈수록 매입 시기를 예측하는 데는 상당한 위험 부담이 따르기 때문이다. 그러니 실수요자는 자금 계획과 대출 상환능력을 갖춘 후 철저하게 주택 매입에 나서야 한다.

내 집을 마련하려는 사람은 2019년 하반기와 2020년 상반기까지는 청약 시장에서 매입을 시도해야 한다. 현재 분양 시장은 실수요자에게 아주 우호적이다. 분양가 심사기준 강화와 분양가 상한제 덕분에 청약가점이 65점 이상인 사람들은 철저하게 분양 시장에 매진해야 한다.

청약자는 약간의 자금력만 있다면 선분양이 절대적으로 유리하다. 청약가점이 65점 이상이라면 32평대 이하에 집중적으로 청약하고 청약가점이 20~30점대로 낮으면 40평대 이상에 주력하는 것이 좋다. 이때 1순위로 반드시 고려해야 할 곳이 서초구 반포동(주공1단지, 신반포3차 경남, 신반포4지구), 강남구 개포동(주공1단지, 4단지), 잠실(미성크로바, 진주아파트), 강동구 둔촌동(주공아파트)이다. 또한 하반기에 나올 위례신도시 호반베르디움에도 관심을 가져야 한다.

후분양을 하게 되면 주변 시세와 거의 유사한 가격으로 분양을 하는 것이기 때문에 시세차익 자체가 사라진다. 물론 후분양은 실물을 보고 살 수 있다는 장점이 있지만 굳이 실물을 보고 아파트를 살 필요는 없다. 설사 선분양을 받고 시공사가 부도가 나도 상관없다. 시공보증회사가 공사를 이어서 하기 때문이다. 입주 시기가 6개월 정도만 늦어질 뿐이다.

전세보증금은 5억 원을 넣든 10억 원을 넣든 은행 정기예금처럼 아무런 변동이 없다. 그러나 5억 원 아파트를 사면 인플레이션 헤지(Inflationary hedge, 화폐가치의 하락에 대처하기 위하여 주식·토지·건물·상품 등을 구입하는 것)로 인한 자연상승분이 발생한다. 그 자연상승분에 대해서는 세금이 부과되지 않는다. 이것이 바로 장기보유 특별공제다. 보통은 1년에 2%, 1세대 1주택자의 경우 1년에 8% 세금을 공제해준다. 그러니 현재로서는 1주택을 보유하는 것이 최고의 재테크다. 전세 시장은 2년 후에 급등할 우려가 있기 때문에 재건축 재개발이든, 분양이든, 구축 아파트든 일단은 집을 사두는 것이 유리해 보인다.

3기 신도시는 2기 신도시의 적인가

국토교통부의 자료에 따르면, 이르면 2020년부터 수도권에 30만 가구가 순차적으로 공급된다. 이중 3기 신도시에 해당하는 곳은 고양 창릉, 부천 대장, 남양주 왕숙, 하남 교산, 인천 계양으로 총 다섯 곳이다. 여기에 공급될 총 물량은 17만 가구다. 고양 창릉은 3만8천 가구, 부천 대장은 2만 가구, 남양주는 6만6천 가구, 하남 교산은 3만2천 가구, 인천 계양은 1만7천 가구다.

사람들은 3기 신도시의 규모가 부동산 시장에 공급 과잉을 가져올 것이라 생각한다. 공급 과잉으로 인해 2기 신도시에 미분양 아파트가 증가할 거라는 우려도 있다. 그러나 3기 신도시의 물량은 결코 많지 않다. 2기 신도시 중 동탄 1,2 신도시의 가구 수를 합하면 16만 가구 정도 되는데 3기 신도시는 그보다 1만 가구 남짓 많은 정도다. 따라서 3기 신도시를 2기 신도시의 적이라고 생각할 이유는 전혀 없다.

게다가 입주하는 시기도 다르다. 2기 신도시는 2023년까지 입주가 마무리되고 3기 신도시는 그보다 5~6년 내지는 7~8년 정도 늦게 입주한다. 3기 신도시의 분양이 몇 해에 걸쳐 순차적으로 이루어지기 때문에 2기 신도시와 경쟁 대상이 될 수 없다. 그리고 2기 신도시 입주가 마무리되는 2023년에는 서울에서 재건축 초과이익환수제를 피한 대규모 재건축 아파트 입주도 끝난다. 반포주공1단지, 신반포3차 경남아파트, 신반포4지구, 개포주공1단지·4단지, 잠실(미성, 크로바, 진주아파트), 둔촌주공아파트가 여기에 해당되며 이들의 공급량은 총 3만8천 가구다.

정리하면, 2023년 이후부터 서울에는 입주 물량이 거의 없기 때문에 3기 신도시는 서울 수요자로 채워질 가능성이 크다. 그러니 2기 신도시와 3시 신도시는 서로 적대적인 관계가 아니라 상호보완적인 관계라고 생각해야 한다.

3기 신도시를 한곳씩 살펴보면, 고양 창릉신도시의 경우 인근 지역인 화정의 아파트값을 떨어지게 한다는 우려의 목소리가 많았다. 하지만 3만 가구 규모의 신도시가 들어온다고 해서 화정 아파트값이 떨어질 거라 생각하는 것은 너무 앞서 나가는 것이다. 아파트값은 결코 떨어지지 않고 상호보완이 된다. 실제로 판교에 새 아파트가 입주했을 당시에 분당의 아파트값이 초기에는 떨어졌다가 금세 다시 가치를 발휘하면서 가격이 상승했다.

부천 대장신도시와 인천 계양신도시는 김포공항과 가까워서 소음이 심하기는 하지만 그래도 여전히 서울 접근성이 아주 좋다. 여기에 지하철 5호선이 검단신도시에서 한강신도시로 이어진다. 검단신도시는 공항까지 자가용으로 10분밖에 걸리지 않고 철도까지 갖춰지기 때문에 충분히 주목할 만하다.

하남 교산신도시는 신도시가 들어올 거라고 전혀 예상하지 못한 곳이다. 교산신도시에 앞서 먼저 점검해야 할 지역이 있다. 바로 하남 감일지구다. 하남 감일지구는 뜻하지 않게 3기 신도시의 덕을 볼 것으로 기대되는 곳이다. 교산지구 교통대책으로 지하철 3호선을 오금역부터 10km 연장하는데, 이때 감일지구를 지나가게 된다. 덕분에 감일지구의 가치가 크게 부각될 가능성이 크다. 사실 감일지구는 서울 송파구와 경계를 마주하고 있는 서남IC를 비롯해 지하철 5호선을 가깝게 이용할 수 있는 거리에 있어 서울 접근성이 좋았던 곳이다. 3호선까지 연장되면 거의 서울이나 마찬가지라고 보아도 무방하다.

수도권 GTX 개통 지역을 주목하라

GTX의 개통 역시 부동산 시장에서 눈여겨봐야 할 핵심 요소 중 하나다. 앞으로 GTX를 통해 시공간 제약이 획기적으로 줄어들고, 부동산 시장 환경이 바뀔 것이다. GTX의 가치가 당장 실현되지는 않으나 그에 따른 대응은 반드시 필요하다.

수도권 GTX는 서북과 동남을 연결하는 A노선, 동서를 관통하는 B노선, 남북을 관통하는 C노선으로 구성된다.

수도권 광역급행철도(GTX) 개통 예정 노선도

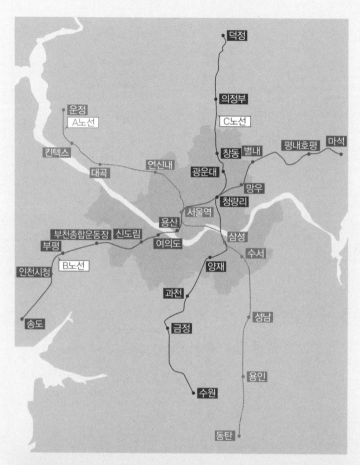

노선	구간	추진 현황	향후 계획
A	문정~동탄	공사 중	2023년 준공
B	마석~송도	2019년 8월 예타 통과	2022년 착공
C	덕정~수원	기본 계획 수립 중	2021년 착공

자료: 대도시권광역교통위원회

A노선(운정~동탄)에서 눈여겨볼 곳은 대곡이다. 대곡은 GTX 를 통해 연신내, 서울역, 삼성역까지 15분 안에 갈 수 있다. 서북 지역의 판교라고 불릴 만큼 위치가 좋다고 볼 수 있다. B노선(송도~마석)에서는 부천의 가치가 더욱 높아질 것이다. 부천은 GTX 로 인해 여의도와 10분 거리가 된다. C노선(덕정~수원)에서는 광운대역세권의 가치를 눈여겨 볼 만하다. 광운대는 청량리역, 삼성역과 두 정거장 거리가 된다. 장위뉴타운은 광운대 역세권에 비해 교통이 불편했는데 GTX가 들어서면 획기적으로 변할 것이다. 또한 수원역이 삼성역과 22분 거리, 과천이 강남과 10분 거리가 되면서 그 가치가 더욱 높아질 것이다.

A, B, C노선으로 서울역, 청량리역, 삼성역이 트라이앵글 구도를 형성하면서 서울의 경쟁력이 더욱 강화될 것으로 보인다. 이때 상권으로서 최대 수혜자는 당연히 삼성역이다.

아직 부동산 시장에는 지하철로 몇 정거장만 가면 GTX역으로 환승할 수 있는 곳에 평당 1천만 원대 아파트가 남아 있다. 특히 용인과 신갈에는 A노선의 구성역과 서너 정거장 떨어진 곳에 평당 1천만 원대 아파트들이 아주 많다. 이 곳들은 눈여겨볼 필요가 있다.

간혹 GTX 요금을 걱정하는 사람이 있는데 요금은 2천~4천 원대 선이다. 현재 2천~3천 원 내고 지하철을 타고 다니는데, 여기에 1천~2천 원 더 내면 1시간을 단축할 수 있게 된다. GTX 배차 간격은 4~5분 정도라고 하니 충분히 이용가치가 있고 요금을 걱정할 필요는 없어 보인다.

우리나라 사람들은 임박해서 움직이는 성향이 있다. GTX 개통은 2025년 예정되어 있지만 1~2년 정도 늦어질 수 있다. 미리 노선을 정확히 파악하고 각 지역들을 분석해야 한다. 막연하게 모두 완성된 후에 뛰어든다면 남는 것이 없다.

김학렬
더리서치그룹 부동산조사연구소장

12만여 명의 이웃을 거느린 네이버 블로그 '빠숑의 세상 답사기' 운영자이자 유튜브 '빠숑의 세상 답사기' 진행자다. 지은 책으로 《수도권 알짜 부동산 답사기》, 《흔들리지 마라 집 살 기회 온다》, 《부자의 지도 : 다시 쓰는 택리지》, 《대한민국 부동산 투자》, 《서울 부동산의 미래》, 《서울이 아니어도 오를 곳은 오른다》, 《지금도 사야 할 아파트는 있다》 등이 있다.

확실히 상승 가능한
아파트는 정해져 있다

'부동산 거래 상황이 좋지 않다', '집을 사기 어렵다'는 말은 왜 나오는 걸까? 집값은 많이 올랐는데 가진 돈이 없기 때문이다. 지금 부동산 시장은 현금을 많이 가지고 있는 사람에게 매우 유리한 상황이다.

부동산 매입을 원하지만 현재 가진 돈이 부족하다면 방법은 두 가지가 있다. 돈을 많이 벌어서 향후 비싸고 좋은 아파트를 사거나, 지금은 집값이 저렴하더라도 미래가치가 있는 아파트를 사는 방법이 있다. 여기서는 상대적으로 집값이 저렴하지만 미래가치가 확실한 아파트를 고르는 방법을 소개한다.

전국 부동산 거래 급감 원인

지금 아파트 시세는 변동이 거의 없다. 거래량도 많이 줄어든 상태다. 아파트 거래에서 80% 이상을 차지하는 것은 이사수요이고 나머지가 투자수요다. 그런데 2019년 1~2월에는 2018년 동월 대비 거래가 90% 이상 줄었다. 2018년 1월 서울의 아파트 거래 건수는 1만6천 건인데 2019년 1월에는 1천 건도 되지 않았던 것이다. 투자수요만 빠졌다고 하기에는 거래량이 너무 적다. 짐작해보건대, 이사를 하려는 가구조차 이사를 하지 못하고 있는 것으로 보인다. 그 이유는 크게 세 가지를 꼽을 수 있다.

첫째, 대출이 나오지 않는다. 보통 이사는 10년 전후를 주기로 한다. 그런데 10년 전에는 주택담보대출비율(LTV)이 70% 이상 적용되었지만 지금은 40% 적용된다. 집값은 엄청나게 올랐는데 말이다. 결국 현금이 많지 않은 사람은 대출이 과거만큼 나오지 않는 한 이사가 불가능한 상황이다.

둘째, 갭투자 거래가 줄었다. 즉 전세가와 매매가 차이가 적은 아파트를 매수해 시세차익을 노렸던 갭투자 거래가 이루어지지 않고 있다. 갭투자는 상승기 때는 활발히 거래되지만 보합(가격이 거의 변동 없이 그대로 유지되는 시세) 시장에서는 거래가 되지 않는다. 상승기에 거래가 많이 되는 이유는 딱 하나다. 투자자들끼리 주고받는 것이다. 그런데 지금은 일절 거래가 되지 않고 시장에 쌓이고 있다. 한쪽이 팔려야 이사를 하는데 안 팔리니까 이사도 못 하는 것이다.

셋째, 사람들이 좋아하는 입지와 아파트는 매물이 한정되어 있고 가격도 비싸다. 이러한 세 가지 요인이 결합돼 부동산 거래량이 급감한 것으로 보인다.

그래도 다행히 거래량이 계속 떨어지다가 2019년 5~7월에는 올랐다. 그러나 투자수요는 오르지 않았다. 이사수요가 증가한 것이다. 자녀가 중학생, 고등학생인 경우 매매든 전세든 학교를 진학하기 위해 이사를 할 수밖에 없다. 결국 자신이 원하는 입지면 돈을 조금 더 주더라도 매수를 하게 된다. 지금부터는 이러한 실수요 위주로 거래가 이루어질 전망이다.

실수요 위주로 거래되는 지역들은 입지가 좋다는 공통점이 있다. 그 예로, 이사수요가 가장 먼저 움직인 지역은 강남구다. 세화고등학교의 자율형 사립고등학교 취소 발표가 나자마자 주변 아파트 가격이 올랐다. 세화고등학교에 배정을 받아야 하니까 실수요자가 빠르게 움직인 것이다. 이처럼 지금 거래량이 없다고 해도 필수적으로 이사를 해야하는 가구는 움직인다.

부동산 가격 예측의 핵심 요소

자신이 관심 있는 지역의 아파트 가격이 오를지 내릴지를 알고 싶다면 수요가 있는지 없는지를 보면 된다. 시장에 매물이 많으면 수요가 없는 것이고 매물이 없으면 수요가 있는 것이다. 부동산 전문가 중 2019년 하반기에 부동산 가격이 오를 거라고 전망하는 이들이 많았다. 그 이유는 현재 시장에 매물이 없기 때문이다. 특히 입지가 좋은 지역에는 더 매물이 없다. 매물이 있는 곳은 아파트 가격이 떨어지는 지역이다.

그런데 정부는 입지가 좋으면 부동산 거래를 규제하고 입지가 나쁘면 공급하는 정책을 쓰고 있다. 입지가 좋은 곳은 분양가 상한제로 가격을 억제하고 있고, 입지가 나쁜 곳은 3기 신도시 개발로 공급을 늘리겠다는 것이다. 그러나 분양가 상한제가 실시돼도 서울 아파트 가격은 내려가지 않는다. 지방처럼 수요와 공급이 한정된 시장에서는 분양가 상한제로 주변 시세가 떨어지게 된다. 신축이 싸면 굳이 구축을 비싸게 살 필요가 없기 때문이다. 그러나 강남에서 평당 4천만 원대에 분양을 해도 평당 6천~7천만 원인 주변 시세는 절대 흔들리지 않았다.

무엇보다 분양가 상한제는 공급을 저해하는 요인이 된다. 재건축 재개발 사업이 이익을 내지 못하기 때문에 재개발 재건축 조합원이 사업을 꺼리는 것이다. 그런데 재건축 재개발 공급 물량 감소에 따른 피해는 이번 세대가 아니라 5년, 10년, 15년 후에 집을 사려는 다음 세대들에게 전가된다. 차라리 가격이 많이 올라가는 지역에 공급을 많이 하는 것이 옳다고 생각한다.

확실히 상승 가능한 아파트, 어디에 있나?

이러한 상황에서 어떤 지역을 관심 있게 봐야 할까? 이는 정부가 알려준 것이나 마찬가지다. 바로 투기지역이다. 투기지역은 실수요가 워낙 많다보니 투자자들이 관심을 가지는 곳이다. 그러니 실수요자 입장에서 보면 투기지역이 굉장히 좋은 입지인 셈이다.

투기지역 다음으로 입지가 좋은 곳은 투기과열지구다. 투기지역만큼은 아니지만 그래도 수요가 많다. 그 다음이 조정대상지역이고 마지막이 비규제지역이다. 수요가 넘쳐야 가격이 올라가는데 조정대상지역은 실수요만 있어서 가격이 올라갈 수도, 내려갈 수도 있다. 반면 비규제지역은 수요가 없는 지역임을 기억해야 한다.

그러니 만약 똑똑한 아파트 한 채를 산다면 고민할 필요없이 투기지역 아파트를 사면 된다. 투기지역이 너무 비싸면 투기과열지구, 그것도 힘들다면 조정대상지역 아파트를 사서 실거주를 하면 된다. 실거주를 하다 보면 언젠가는 인플레이션 분만큼 부동산 가격이 오를 것이다.

그런데 문제는 실수요가 많은 곳에는 사람들이 살고 싶어 하는 새 아파트가 없다는 점이다. 새 아파트 수요는 증가하는데 공급은 늘 한정돼 있다. 정부가 구축 아파트를 바꿔서 신축 아파트를 공급해야 하는데 그러지 못하고 있어서 새 아파트 가격만 오르고 있다.

결론은 향후 10년간은 투기지역이든 투기과열지구든 조정대상지역이든 신축 아파트를 사두면 좋을 듯하다. 구축은 오를 수도 있지만 신축보다는 선택받지 못할 가능성이 높다. 그 이유는 다음과 같다.

일단 아파트에 한 번 살아본 사람은 다세대주택, 단독주택, 빌라로 이사하지 않는다. 또한 신축에 살았던 사람들은 절대 구축으로 이사하지 않는다. 그러니까 신축에 살던 사람도, 구축에 살던 사람도, 다세대주택과 빌라에 살던 사람도 신축을 선택한다.

그러면 인구가 줄든 세대 수가 줄든 상관없이 신축에 대한 수요는 계속 늘어난다.

반면 구축 아파트, 단독주택, 다세대주택, 빌라는 이미 주택보급률이 100%가 넘은 상황이기 때문에 과거에 비해 인기가 떨어질 것이다. 그래서 강남에도 평당 1천만 원이 안 되는 아파트가 1만 가구 이상 있다. 이렇게 20년째 같은 가격을 유지하고 있는 아파트들은 미래가치가 없기 때문에 절대 사면 안 된다. 가격이 비싸더라도 미래가치가 있는 신축을 사야 한다.

아파트 매수 전략 1 : 수요 확인하기

아파트를 매수할 때는 수요 여부 3가지를 확인해야 한다.

첫째, 내가 매도하고 싶을 때 매수할 사람이 있는가? 자신이 투자하려는 곳이 항상 매수자들이 대기하고 있는 곳인지를 확인해야 한다.

둘째, 자가 실수요 세대가 50% 이상인가? 아파트는 본질적으로 실수요 상품이다. 아파트를 투자수요 상품으로만 보는 것은 정말 반밖에 모르는 것이다. 투자수요도 실수요가 많아야 들어온다.

셋째, 배후 수요지가 있는가? 해당 지역에 공실이 생기면 채워 줄 지역들이 있는지를 보라는 말이다. 현재 서울 강동구를 보면 향후 10년간 계속 물량이 밀려 있다. 당연히 조정이 조금 되겠지만 바로 이때가 타이밍이다. 강동구는 서울에서도 상위권 지역이기 때문에 배후 수요지가 서울 전체를 넘어 경기도까지 확장될 수 있다.

정리해보면 입지, 상품, 가격을 종합적으로 고려한 곳이 좋은 곳이다. 그리고 좋은 입지는 일자리, 교통, 새 주거시설이 모두 호재로 실현되는 곳이다.

그럼 누가 아파트를 매수할까? 무주택자들이 매수하고 1주택자들도, 다주택자들도 매수한다. 그런데 잠재 수요자인 무주택자들은 굉장히 보수적인 편이라서 시장에서 마지막에 움직인다. 1주택자들은 이사수요라서 때가 되면 움직인다. 다주택자들은 임차 공급자로서 가장 먼저, 가장 많이 움직인다.

그러니 각자 자신의 포지션에서 한 발만 먼저 움직이면 좋겠다. 무주택자라면 1주택자들을 따라 하고, 1주택자라면 투자자들을 따라 하고, 투자자라면 다른 투자자들보다 빠르게 움직이는 것이 좋을 듯하다. 물론 무주택자들이 보수적인 심리를 버리고 투자자들을 바로 따라하면 가장 좋다.

아파트 매수 전략 2 : 보유 기간 고려하기

보유 기간은 장기, 중기, 단기로 투자 특징이 다르다. 일단 리스크 관점에서 보면 장기 보유 전략이 가장 리스크가 적고 단기보유는 리스크가 크다. 확률적으로도 장기 보유 전략이 성공할 가능성이 제일 높다.

① 장기 보유 전략

장기 보유 전략을 구사할 경우 욕심만 버리면 집값이 오른다. 여기서 욕심이란 싼 것을 사서 비싸지길 기대하는 것, 나쁜 것을 사서 좋아지길 기대하는 것, 왜 사야 하는지 모르고 무턱대고 사는 것이다.

지난 10년간 대부분의 아파트값이 올랐지만 고양시 일산 서구와 동구, 파주시, 김포, 인천 서구와 중구 등은 오르지 않았다. 일자리 호재, 교통 호재, 새 주거시설 호재가 없었기 때문이다. 게다가 주변에 대량 물량공급까지 있었다. 3기 신도시가 발표되면서 일산 아파트는 더욱 암울한 상황에 빠졌다. 입지가 전혀 좋아지지 않았는데도 싸다는 이유만으로 일산에 장기 투자한 사람들은 욕심이 컸던 것이다.

반대로 가격이 가장 많이 오른 광명과 분당의 경우에는 광명테크노밸리, 분당 판교 테크노밸리로 일자리가 증가했다. 또한 광명 KTX와 신분당선으로 교통 호재가 있었으며, 인근에 대규모 새 주거시설이 들어섰다. 앞서 말한 세 가지 호재가 겹쳤던 지역이다. 이런 호재들이 이미 알려져 있던 2012~2013년에 매입했다면 2배의 가격 상승을 누릴 수 있었을 것이다. 하지만 지금도 늦지 않았다. 지금부터라도 이미 결정된 호재들을 찾아 투자하면 좋을 듯하다.

② 중기 이익 실현 전략

중기 이익 실현 전략은 개발계획 발표 단계가 아니라 공사가 진행 중이거나 완공된 상태를 보고 매입하는 것이 좋다. 예를 들어 신분당선, 신안산선, GTX A노선, 신림선 경전철 중 공사가 진행되는 곳 주변 아파트를 사는 것이다. 그러면 5년 동안은 집값이 오를 수밖에 없다. 이런 곳들은 대세 하락기에도 오르고 실패할 가능성도 없다. 수요가 많기 때문이다.

그런데 자신의 아파트 주변에 역이 생기지 않는다 하더라도 호재가 되는 경우가 있다. 예를 들어 2018년 12월에 잠실종합운동장역까지 오던 9호선이 연장되어 강동구까지 이어졌다. 이는 새로운 역이 생긴 곳에도 호재였지만 기존 역에는 더욱 호재였다. 대표적으로 반포 고속터미널역이 그랬다. 송파구의 70만 인구와 강동구의 40만 인구 덕분에 새로운 수요가 생겼기 때문이다. 반포동은 저절로 입지가치가 올라갔다. 그러니 주요 노선들이 연결되는 지역의 핵심 입지들은 안전상품이라고 보고 사두면 된다.

③ 단기 시세 차익 전략

단기 시세 차익 전략은 이른바 선수들만 하는 투자 방법이다. 입지도 상품도 따지지 않고 그냥 오르는 타이밍에 샀다가 내리기 전에 파는 전략이므로 권하고 싶지 않다. 단기 시세는 심리 게임과 같아서 입지가 나빠도 가격이 오를 수 있고, 입지가 좋아도 가격이 내려갈 수 있다.

그러므로 주변에서 부동산으로 돈을 벌었다거나 매물이 감소했다는 말이 나오는 시점에는 단타로 부동산 시장에 뛰어드는 것은 금물이다. 반면 부동산으로 돈 버는 시대는 끝났다는 말이 나오기 시작하면 단타로 부동산 시장에 투자할 만하다. 이 얘기는 부동산 가격이 많이 내려갔다는 의미이기 때문이다.

아파트 매수 전략 3 : 준공년도 확인하기

과거에는 아파트 가격이 무조건 올랐지만 지금은 그렇지 않다. 바로 아파트 수명(준공년도) 때문이다. 새 아파트가 공급되면 공급될수록 구축들은 경쟁력을 잃기 마련이다. 신규 아파트는 준공한지 10년 차 미만의 아파트를 말한다. 10년 차 미만 아파트는 입지가 정말 말도 안 되는 곳이 아니라면 매입해도 무방

준공년도에 따른 아파트의 경쟁력

입주년차	입주시기	특징 정리
0~5년	2013~2018	상품 경쟁력 최고
5~10년	2008~2013	신축 아파트 메리트 한계점
10~15년	2003~2008	지상 녹지 공간, 커뮤니티 등장
15~20년	1998~2003	실거주 인기 구축 아파트로서의 마지막 단계
20~25년	1993~1998	재건축, 리모델링 가능성 검토
25~30년	1988~1993	매수하기 부담스러운 시기
30년 이상	1988년 이전	재건축 가능성 없다면 매수 불가 전세가율이 매우 낮음

자료: 더리서치그룹 부동산조사연구소

하다.

준공한 지 10년 차 이상, 20년 차 이하인 아파트는 입지가 좋을 경우 매입한다. 입지가 좋으면 신규 아파트만큼은 아니더라도 한 번씩 집값이 오른다.

문제는 준공한 지 20년 차가 넘어가는 아파트다. 20년차가 넘어가면 살지 말지를 고민해야 하는데, 그 기준은 리모델링과 재건축 확정 여부다. 리모델링이나 재건축이 확정되어 있지 않은 아파트는 매입하지 말고 오히려 팔아야 한다. 반대로 확정된 아파트는 매입해도 안전하다고 보면 된다.

사야 되는 아파트 vs 사면 안 되는 아파트

아파트는 사면 안 되는 아파트, 팔아야 하는 아파트, 사도 되는 아파트, 꼭 사야 하는 아파트로 나뉜다. 이를 결정하는 것은 입지가치다.

사면 안 되는 아파트는 싼 지역의 싼 아파트, 오래된 아파트다. 이것들은 신축에 밀려 가격이 올라가지 않을 가능성이 높다. 예를 들어 과거에는 서울 아파트면 무조건 경기도 아파트보다 비쌌다. 하지만 현재 도봉구 아파트는 의정부와 남양주 아파트보다 가격이 싸다. 금천구는 광명과 안양보다, 중랑구는 구리보다, 동작구와 관악구는 과천보다 아파트 가격이 싸다.

결국 지금은 싸지만 그래도 서울이니까 언젠가는 무조건 오를 거라는 생각은 버려야 한다. 왜냐하면 지금은 서울이나 경기도나 광역화되어 있기 때문이다.

팔아야 하는 아파트는 위에서 말한 것처럼 준공 20년 차가 넘었는데 재건축과 리모델링 이슈가 없는 아파트다. 자신이 매입했던 가격보다 현재 가격이 낮다면 손절하고 더 좋은 아파트로 갈아타라.

사도 되는 아파트는 10년 이상 거주할 실수요자가 많은 지역의 새 아파트다. 이러한 아파트는 가격 조정기에 사도 괜찮다. 10년 동안 거주하다 보면 가격이 오르기 때문이다. 단기적으로는 조정될 수도 있고 가격이 내려갈 수도 있지만 중장기적으로는 투자의 기회일 수 있다.

무엇을 사야 할지 모르겠다면 수도권 상위 지역(137쪽 수도권 아파트 평단가 표)에 해당하는 곳의 신축 아파트를 사면 된다. 서울 상위 지역의 새 아파트들은 경쟁 상대가 없다. 그래서 아파트 가격이 내려갈 일이 없고 투자에 실패할 가능성도 거의 없다.

하위 지역의 경우는 상위 지역에 비해 경쟁력이 약한 건 사실이다. 그러나 이는 하위 지역의 아파트를 사지 말라는 말이 아니

수도권 아파트 평단가

(단위: 만원)

수도권(평균)		서울		경기		인천	
지역	평단가	지역	평단가	지역	평단가	지역	평단가
서울	2,614	강남구	4,832	과천시	4,014	연수구	1,116
경기	1,140	서초구	4,602	성남시	2,201	부평구	954
인천	923	송파구	3,586	하남시	1,850	서구	915
		용산구	3,413	광명시	1,782	남동구	887
		성동구	2,789	안양시	1,559	계양구	816
		마포구	2,712	구리시	1,434	미추홀구	804
		양천구	2,671	의왕시	1,380	중구	793
		강동구	2,624	군포시	1,165	동구	690
		광진구	2,508	부천시	1,138	강화군	497
		종로구	2,400	수원시	1,122		
		중구	2,379	용인시	1,105		
		동작구	2,350	고양시	1,089		
		영등포구	2,327	화성시	1,027		
		서대문구	2,034	김포시	985		
		강서구	1,984	안산시	966		
		동대문구	1,864	남양주시	894		
		성북구	1,740	시흥시	881		
		관악구	1,734	광주시	864		
		은평구	1,714	의정부시	844		
		노원구	1,622	파주시	791		
		구로구	1,596	양평군	766		
		강북구	1,459	오산시	727		
		금천구	1,430	이천시	716		
		중랑구	1,383	평택시	708		
		도봉구	1,369	양주시	650		
				여주시	582		
				포천시	556		
				안성시	544		
				가평군	541		
				동두천시	520		
				연천군	461		

〈상위 지역 평단가 기준〉
* 서울: 2,300 이상
* 경기: 1,100 이상
* 인천: 없음

자료: 더리서치그룹 부동산조사연구소

다. 다만, 하위 지역의 새 아파트는 서울과 경기도 상위 지역의 헌 아파트에 밀리게 된다. 하위 지역의 새 아파트는 경쟁력이 있어야 하기 때문에 새 아파트 중에서도 입지가 좋은 곳의 아파트를 사야 한다. 입지가 좋으면 그나마 경쟁력이 있다.

한 가지 예로, 금천구에는 비싼 아파트가 딱 하나 있다. 독산역과 금천구청역 사이에 있는 롯데캐슬 골든파크다. 롯데캐슬 골든파크는 4천 가구 이상의 대단지로 현재 평당 가격이 2천800만 원이다. 그런데 이 아파트를 제외하면 금천구의 아파트 가격은 평당 1천만 원대다. 같은 지역에서 가격 차이가 벌어지는 이유는 입지 때문이다. 즉 하위 지역에서도 입지가 좋은 곳의 대단지 아파트는 매입해도 괜찮다는 말이다.

3가지 키워드로 분석한 핵심 지역

향후 부동산 가격에 호재로 작용할 요인은 무엇일까? 그리고 호재가 일어날 핵심 지역은 어디일까? '신규 교통망', '환경 쾌적성', '대형 학원가'를 키워드로 미래 핵심 지역을 분석해봤다.

① 신규 교통망 개통 지역

신규 교통망 중에서 강남권과 연결된 지역들에 주목하자. 특히 신림선 주변 지역들이 투자가치가 있어 보인다. 신분당선 주변은 말할 것도 없이 좋은 곳이다. 그러나 신분당선은 북부연장 사업이 아직 확정되지 않았다. 이밖에 GTX와 신안산선이 지나가는 지역 중에서는 서울과 가까운 곳을 선택한다.

② 환경 쾌적성 회복 지역

환경 쾌적성은 혐오시설이 제거된 지역을 말한다. 서울 지역 중에 군대, 철로, 차량기지, 고압전류, 발전소, 외국인 집단 거주지, 집창촌이 없어지는 곳들이 있다. 아파트든, 단독주택이든 혐오시설이 없어지는 지역은 가격이 2배 이상 올라간다. 지금 대표적인 곳이 '청량리 588'이라고 불리는 청량리4구역이다.

이처럼 지역 환경이 쾌적해지는 지역을 찾아보면, 송파구 9호선 연장 구간들의 환경이 과거 대비 많이 달라질 것으로 보인다. 이 구간에는 과거에 칙칙한 상가들이 밀집해 있었는데 최근에 좋은 상가들이 들어오고 있다. 이러한 지역에서는 다세대 빌라도 가격이 올라간다.

강남구의 신사동과 논현동은 과거에 집값이 정말 저렴했던 지역이다. 유흥업소 아가씨들이 많았던 터라 그랬다. 그러나 앞으로 신분당선이 개통되면 입지가 좋아지면서 상권도 바뀔 거라 생각한다.

성수동 일대에는 현재 아파트가 많이 들어서고 있다. 일자리가 많아지는 반면 공장은 없어지고 있기 때문에 앞으로 입지가 좋아질 거라 확신한다. 아파트든, 단독주택이든, 다세대 빌라든 아무거나 매입해도 투자가치가 있다.

방배동은 앞으로 반포동 이상, 혹은 반포동만큼 가치가 오를 것이다. 서리풀터널(서초대로 내방역~서초역 구간을 직선으로 연결하는 터널) 개통은 양쪽 지역에 모두 호재로 작용했다. 그러니 방배동은 반포동보다 조금 저렴한 가격으로 매입해서 반포동만큼 가치를 누릴 수 있는 지역이라고 생각한다.

이밖에 마포구 당인리발전소 일대, 종로구의 서촌과 북촌 일대, 용산구 일대, 동대문 일대는 아파트든, 단독주택이든, 다세대 빌라든 아무거나 매입해도 투자가치가 있는 곳들이다.

③ 대형 학원가 주변 지역

우리나라 교육 프리미엄 지역은 중계동, 목동, 대치동이다. 이들 학원가의 영향력은 전국적이기 때문에 배후 수요지가 충분하다. 중계동, 목동, 대치동에 형성된 학원가는 다른 곳에 만들 수 없기 때문에 기존 학원가의 인기는 앞으로도 지속될 것이다. 설사 자율형 사립고등학교가 폐지되더라도 가치는 올라갈 것으로 보인다.

죽을 때까지 살고 싶은 곳은 어디?

나이 들어 은퇴한 사람들도 서울에서 살고 싶어 한다. 굳이 교외 바깥으로 나가서 살고 싶어 하지 않는다. 이들이 선호하는 곳은 쉽게 말해 '늙어 죽을 때까지 살고 싶은 곳'이다. 서울에 늙어 죽을 때까지 살고 싶은 곳으로 정해진 곳이 한 군데 있다. 건대입구역에 있는 주상복합 실버타운 더클래식500이다. 방 규모는 40평 정도로 은퇴한 2인 가구가 살기 좋다.

더 클래식500을 소개하는 이유는 입지가 좋기 때문이다. 지하철 2호선과 7호선이 가까이에 있는 더블 역세권이다. 그리고 인근에 대형 종합병원이 두 개 있다. 공원도 어린이대공원, 녹지공원, 수목원까지 있다. 백화점과 마트 등 편의시설도 잘 갖춰져 있고, 길을 건너면 재래시장이 있다. 환경 좋고 즐길 거리도 많은데 교육시설만 없다. 이러한 곳을 'Aging in place', 즉 늙어 죽을 때까지 살고 싶은 곳이라고 말한다.

앞으로 건대입구역과 유사한 조건을 갖춘 지역들은 굉장히 인기가 높아질 것이다. 서울에 종합병원이 있는 곳 중 전철역이 인접해 있다면 그곳은 앞으로 부동산 가격이 절대 내려가지 않을 것이다. 이러한 지역은 우리나라가 저출산 현상으로 학생수와 교육시설이 줄어도 아무런 영향을 받지 않는다. 수요층이 60~70대 이상인 은퇴한 사람들이기 때문이다. 건대입구역을 비롯해 종합병원이 들어서 있는 일원동, 둔촌역, 발산역, 독립문역, 서대문역이 늙어 죽을 때까지 살고 싶은 지역으로 인기를 끌 것이라 생각한다.

지금까지는 아파트가 주상복합보다 월등히 인기가 높았다. 100명 중 90명이 아파트를 선택했다. 그러나 갈수록 주상복합의 인기가 올라가고 있다. 100명 중에 20~30명이 주상복합을 선택하는 추세다.

주상복합은 아래층에 편의점과 마트 등 편의시설이 갖춰져 있어 이동거리가 짧다. 엘리베이터를 타고 위층 아래층으로 이동하면 되니까 비가 오는 날에도 외출이 수월하다. 여기에 지하철역과 이어진 주상복합이라면 무조건 인기가 좋을 수밖에 없다. 은퇴한 시니어층이 제일 선호하는 주택 형태라고 할 수 있다.

반면 송파구 헬리오시티는 단지 끝에서 입구까지 걸어서 20분 정도 걸리는 거리다. 할머니 할아버지 걸음 속도로 집에서 입구까지 가려면 1시간 정도 걸린다. 이러한 곳은 시니어층이 살기에는 불편하다.

　결국 앞으로 서울에서는 은퇴한 시니어층이 주목하는 입지가 더욱 부각될 것이다. 그러니 미래 부동산 투자를 계획할 때 종합병원, 역세권, 주상복합이 고루 갖춰진 입지를 눈여겨보면 좋겠다.

김광석
리얼하우스 대표

부동산 칼럼니스트이자 계량분석 전문가다. 닥터아파트 정보 분석 팀장, 유니에셋 리서치센터 팀장, 스피드뱅크 리서치센터장, 리얼투데이 부동산연구소장을 역임했다.

박지민
닉네임 '월용이'로 활동하는 부동산 전문가

네이버 카페 '월급을 용돈으로'와 분양권 전문 블로그 '월용이의 부동산 일지'를 운영하고 있다. 건국대학교, 동국대학교, 신세계아카데미, 부동산 투자카페 등에서 다수의 부동산 강연을 했다. 지은 책으로 국내 최초의 청약 전문서인《35세인서울 청약의 법칙》이 있다.

억 소리 나는 청약,
똑 소리 나는 전략

분양이야말로 적은 초기 자금과 저렴한 가격으로 내 집을 마련할 수 있는 방법이다. 그래서 분양 시장에 관한 관심은 끊이질 않는다.

그런데 요즘 분양 시장은 새로운 규제와 제도가 도입되면서 급변하고 있다. 규제 집중포화를 맞고 있는 시점에서 앞으로 분양 시장이 어떻게 흘러갈지, 어떠한 청약 전략을 써야 내 집을 마련할 수 있을지, 그리고 이때 주의해야 할 점은 무엇인지 알아본다.

분양 시장 핫이슈 점검

김광석

2019년의 청약 시장은 어땠을까? 현 시점에서 2019년 분양 시장을 한 번 점검해보자. 분양 시장이 활발했는지, 저조했는지를 파악할 때 청약경쟁률을 보면 당시의 분위기를 대략 짐작할 수 있다. 2019년 상반기 강남권의 1순위 청약경쟁률은 20:1로 상당히 좋았다고 생각한다. 강남권 아파트의 한 가구를 분양받는데 20명 이상이 경쟁한 것으로 당첨 확률은 5% 내외였던 셈이다.

2019년 분양 시장에서 도드라졌던 핫이슈는 크게 세 가지를 꼽을 수 있다.

첫째, 미계약분 발생이다. 9억 원 초과 고가주택에 당첨된 경우 대출 규제로 인해 대출을 받기 어려웠다. 그래서 당첨이 되고도 분양을 받지 못한 사람들이 생겼다. 이때 발생한 미계약분을 현금 부자들이 계약하면서 '줍줍'이라는 신조어가 만들어졌다.

둘째, 3기 신도시 발표였다. 이를 계기로 분양 시장에서 양극화 현상이 나타났다. 서울의 경우에는 도심권 중심으로 분양이 굉장히 잘됐지만 수도권 외곽 지역은 청약 경쟁률이 굉장히 낮았다. 전국적으로도 부산, 대전, 대구, 세종은 청약 경쟁률이 굉장히 높게 나타났다.

셋째, 분양가 상한제다. 분양 시장의 공급에는 부동산 정책이 중요한 변수로 작용한다. 쉽게 말해 분양가 상한제는 분양가를 원가 이상으로 높이지 말라는 정책이다. 그래서 분양가 상한제가 적용되면 분양가가 현재보다 대략 20~30% 정도 낮아진다. 그런데 분양가가 내려간다고 마냥 좋은 것은 아니다. 과거에 분양가 상한제를 시행했던 시기를 보면 아파트 공급이 굉장히 줄어서 오히려 가격이 급등하는 부작용이 나타나기도 했다. 우리가 분양가 상한제에 주목하는 이유가 바로 이러한 부작용 때문이다.

박지민

분양가 상한제는 개별 수요자 입장에서 가점이 60점 이상인 무주택자에게 가장 유리하다. 반면 가점이 60점이 안 되거나 저점자인 사람에게 상대적으로 불리하다. 분양 가격이 낮을수록 청약자가 몰리기 때문에 경쟁률이 높아지고 당연히 가점은 높아지게 된다. 그래서 아파트 공급이 줄어드는 동시에 가점은 높아지는 현상이 나타난다. 덩달아 기존 아파트값이 오르면서 가점이 낮은 실수요자에게는 불리한 시장이 된다.

기존 1주택자는 규제지역에서 거의 청약에 당첨되지 않는다. 1주택자는 전용면적 85m^2 초과분에 대해서만 당첨이 가능한데, 그마저도 추첨제 물량 중 75%를 무주택자에게 우선적으로 공급

한다. 다시 말해서 100가구를 분양하면 그중 1주택자에게 돌아가는 물량은 약 12가구밖에 안 되는 셈이다. 결국 분양가 상한제로 경쟁률이 엄청나게 높아지면서 갈아타기를 원하는 1주택자에게는 악재로 작용할 가능성이 크다.

주택 청약 체크 포인트

박지민

청약 당첨률을 높이기 위해 어떠한 준비가 필요할까? 청약을 준비하고 있다면 가장 먼저 가점을 계산해야 한다. 가점제에는 세 가지 항목이 있으며, 총 만점은 84점이다. 각 항목의 만점은 무주택기간 32점, 부양가족수 35점, 청약통장 가입기간 17점이다. 그런데 일반적으로 부양가족수는 변동이 거의 없으므로 고점자가 되려면 무주택기간과 청약통장 가입기간에서 고점을 받거나 만점을 받아야 한다.

자신의 가점을 계산했다면 잠재적 경쟁자 수를 확인해둘 필요가 있다. 경쟁자 수는 자신이 사는 지역의 1순위 청약통장 수라고 생각하면 된다. 예를 들어, 자신이 성남에 살고 있다면 성남의 1순위 청약통장 수를 확인하자. 2019년 3월 1일 기준 성남의 1순위 청약통장 수는 약 35만9천 개였다. 그런데 성남처럼 부동산 규제지역의 경우 고려할 사항이 있다. 규제지역은 세대주만 청약을 할 수 있다는 점이다. 그래서 1순위 청약통장 수에서 세대주가 몇 명인지 파악하는 것이 중요하다. 한 가구당 평균 가구원 수를 2.5명으로 가정하고, 모든 가구원이 1순위 통장을 가지고 있다는 전제 하에 계산하면 실제로 청약 가능한 세대주 수가 나온다.

성남의 1순위 청약자 수인 35만9천을 평균 가구원 수 2.5로 나누어보자. 그러면 실제로 청약 가능한 세대주 수가 14만3천 명으로 계산된다. 이러한 방식으로 잠재적 경쟁자 수를 확인하는 작업이 필요하다.

청약가점과 잠재적 경쟁자 수를 확인했다면, 다음은 청약할 지역을 기준으로 주의해야 할 점을 점검해야 한다.

첫째, 청약 당첨 대상자다. 규제지역 청약은 위에서 말한 것처럼 세대주만 청약할 수 있다. 그리고 재당첨 제한 기간이 5년 적용된다. 이는 세대주와 세대원 모두에게 적용되기 때문에 같은 세대를 구성한 모든 사람이 5년 이내에 한 번도 분양에 당첨된 적이 없어야 한다.

조정대상지역, 투기과열지구, 투기지역 청약은 1주택자 이하만 가능하다. 그런데 사실상 2018년 9.13대책 이후로는 거의 무주택자에게만 기회가 주어졌다.

주택청약 규제 지역(2019년 7월 기준)

조정대상지역	성남, 고양, 남양주, 동탄2, 구리, 동안구, 광교, 팔달구, 수지구, 기흥구, 부산(해운대, 동래, 수영)
투기과열지구	서울(투기지역 서울 외), 과천, 분당구, 광명, 하남, 수성구
투기지역	서울(강남, 서초, 송파, 강동, 용산, 성동, 노원, 마포, 양천, 영등포, 강서, 종로, 중구, 동대문, 동작), 세종

*2019년 11월에 부산 전 지역, 경기 고양, 남양주시 대부분 지역이 조정대상지역에서 해제됐다.

자료: 국토교통부

둘째, 중도금 대출 가능 여부다. 규제지역에서는 한 건의 청약에 한해서만 중도금 대출이 가능하다. 그런데 만약 규제지역에서 대출을 받았다면 비규제지역에서 대출을 한 건 더 받을 수 있다. 별개로 비규제지역에서는 두 건의 대출이 가능하다.

여기서 주의할 점은 대출을 받는 순서다. 만약 무주택자가 규제지역에 내 집을 마련하고 싶다면 다른 비규제지역에 청약을 하면 안 된다. 앞에서 말했듯이 규제지역에서 먼저 대출을 받고 그 다음 비규제지역에서 대출을 한 건 더 받는 건 가능하지만, 그 반대 순서로는 대출을 받을 수 없다. 즉 비규제지역에서 먼저 대출을 받았다면 규제지역 청약에 당첨되어도 대출이 불가능하다는 말이다.

9억 원 이하 주택 구입 시 담보인정비율(LTV), 총부채상환비율(DTI)

구분		투기과열지구 및 투기지역		조정대상지역		조정대상지역 外 수도권		기타	
		LTV	DTI	LTV	DTI	LTV	DTI	LTV	DTI
서민 실수요자		50%	50%	70%	60%	70%	60%	70%	없음
무주택세대		40%	40%	60%	50%	70%	60%	70%	없음
1주택 보유세대	원칙	0%	–	0%	–	60%	50%	60%	없음
	예외	40%	40%	60%	50%	60%	50%	60%	없음
2주택 이상 보유세대		0%	–	0%	–	60%	50%	60%	없음

자료: 국토교통부

서울 분양 임박 단지 청약 전략

박지민

주택 청약 체크 포인트를 확인했다면, 현재 분양 시장에서 청약을 노려볼 만한 분양 임박 단지를 알아보자. 서울 지역 청약당첨을 노리고 있는 사람들을 위해 현재 분양 임박한 단지들을 표(153쪽)에서 분양가와 청약가점을 기준으로 4개 구간으로 나눠봤다. 분양가는 9억 원을 기준으로 구간을 나눴다. 주택도시보증공사(HUG)에서 9억 원을 기준으로 그 이하는 중도금 대출을 해주고 그 이상은 대출을 해주지 않기 때문이다. 청약가점의 고점자와 저점자는 50점을 기준으로 나눴다. 표에서 1구간은 현금이 부족하고 가점이 높은 경우, 2구간은 현금이 부족하고 가점이 낮은 경우, 3구간은 현금이 많고 가점이 높은 경우, 4구간은 현금이 많고 가점이 낮은 경우로 보면 된다.

가점이 높은 경우 자신이 지닌 현금과는 상관없이 소형 아파트든, 대형 아파트든 소신껏 분양 신청을 하면 된다. 가점이 낮은 경우 현금 보유액에 따라 분양 신청할 곳을 정하면 된다.

① 1구간

신정 호반베르디움은 신정뉴타운에 있는 마지막 단지로 분양 가구가 240가구다. 특별 분양을 빼면 일반 분양은 더 줄어든다.

마포 아이파크SK뷰는 주변시세가 이미 13억 원 정도 된다. 단지는 대단지인 데다 1등 단지라고 불리지만 50가구만 분양하다 보니, 가점이 70점을 넘어갈 것이다.

홍제동에서 분양가 9억 원은 부담이 되지만 분양 가구가 별로 없기 때문에 홍제1구역 푸르지오는 고점자 구간에 넣었다. 강북의 1등 아파트인 경희궁자이 라인을 타고 북쪽으로 이어지는 지점에 위치하기 때문에 그 영향으로 사람들이 어느 정도 기대감을 품지 않을까 생각한다.

신길 포스코더샵은 신길뉴타운에서 거의 마지막 단지다. 시

분양가와 청약 가점을 기준으로 나눈 4개 구간(2019년 7월 기준)

	9억 이하			9억 초과		
	단지명	총세대	분양	시기	단지명	총세대	분양	시기
고점자	신정 호반베르디움 (신정-2)	407	240	예정	래미안 라클래시 (상아2차)	679	115	예정
	마포 아이파크SK뷰 (아현2)	1419	50	예정	역삼 아이파크 (개나리4차)	449	138	예정
	홍제1구역 푸르지오	832	334	예정	효창 6구역 데시앙	385	79	예정
	신길 포스코더샵 (3구역)	799	368	예정	대치 푸르지오써밋 (구마을1지구)	484	109	예정
	증산2구역 자이	1386	461	예정	이촌 현대 리모델링	750	97	예정
	천호 중흥S클래스	999	696	예정	개포 그랑자이 (개포주공4단지)	3343	238	예정
	서대문 반도유보라	199	108	예정				
저점자	홍은13구역 이지더원	827	409	예정	사당3구역 푸르지오	514	154	예정
	보문2구역 리슈빌	465	221	예정	흑석 자이(3구역)	1772	428	예정
	은평 역촌 동부센트레빌(역촌1)	740	444	예정	상도역세권 롯데캐슬	950	474	예정
	홍은1구역 이편한세상	480	354	예정	여의도 MBC지웰시 티자이	454	–	예정
	홍은2구역 힐스테이트	608	350	예정	거여 롯데캐슬 (2-1구역)	1945	745	예정
	용두6구역 래미안	1048	480	예정	둔촌주공 재건축	12032	5056	예정
	장위4구역 자이	2840	1349	예정	방배 현대 디에이치	3080	1686	예정
	미아3 파밀리에	201	117	예정	개포 아이파크 (개포주공1단지)	6642	1216	예정

세가 19억 원이 넘어가는 곳에서 분양가가 8억 원대라면 가점이 50점대 이상이어야 청약에 당첨될 확률이 높다.

중산2구역 자이의 경우 2018년 12월에 분양한 수색9구역의 영향을 받을 것 같다. 당시 전용면적 84m²의 분양가가 7억 원대 초반이었다. 그 가격이라면 중산2구역 자이도 가점이 60점 이상 이어야 당첨을 노려볼 수 있을 것 같다.

서대문 반도유보라는 경희궁자이 맞은편에 있는 아파트다. 분양가가 10억 원이 넘어서 대출이 나오지 않지만, 워낙 인기 지역이다 보니 가점 50점대 이상의 커트라인을 기록할 것이다.

② 2구간

홍은동과 은평구의 분양 단지들은 가점이 50점 이하면 당첨이 될 듯하다. 분양가가 8억 원대로 형성될 것으로 보여 시세차익을 덜 보더라도 내 집을 마련하고 싶다면 노려볼 만하다.

③ 3구간

강남4구 도심권에 있는 아파트들이다. 2019년 5월에 고분양가 관리지역으로 발표되면서 후분양을 하려고 했으나, 6월에 분양가 상한제 이야기가 나오면서 선분양으로 돌린 단지들이 대부분이다. 이 점을 감안하면 상아2차, 개나리4차, 구마을1지구,

개포주공4단지 등을 공략해보면 좋을 것 같다.

④ 4구간

가장 많이 하는 고민이 둔촌주공 재건축을 기다릴지, 흑석3구역이나 사당3구역에 청약해야 할지다. 개인적으로는 청약하는 편을 추천한다. 둔촌주공에서 9억 원 이하 물량은 선분양을 하고 9억 원 초과 물량은 후분양한다는 말이 있어서 향후 정책에 따라 어떻게 달라질지 모르기 때문에 불확실성이 있다.

가치 상승 유망 단지 Big 5

김광석

현재 분양 시장에서 관심을 많이 받고 입지가 좋은 곳들 중 분양가가 주변 시세에 비해서 현저히 낮을 다섯 단지를 뽑았다. 이곳들은 미래가치 상승을 기대해 볼 만한 곳이다.

① 북위례 호반써밋 1,2차

송파와 인접한 송파권역으로 학군도 좋은 데다 경쟁률이 높았던 단지들 주변에 있기 때문에 치열한 경쟁이 예상된다. 위례호

수공원 북단에 위치해서 조망도 뛰어나다.

② 과천지식정보타운 제이드자이

강남 접근성이 좋아 강남권 수요층을 흡수할 것으로 보인다. 지하철 4호선 인덕원역, 2020년에 지식정보타운역, 2025년에 GTX C노선이 개통 예정이기 때문에 교통 편의성이 높다. 분양가는 2천4백만 원 안팎, 혹은 비싸도 2천6백만 원 정도다. 이미 분양한 과천 래미안센트럴스위트의 분양가는 평당 5천8백만 원 정도였다. 그러니 2천6백만 원이면 거의 반값이나 다름없다.

③ 강동구 둔촌주공아파트

입주 물량이 약 1만2천 가구, 일반 분양 물량은 3천 가구 이상으로 예상된다. 서울은 고분양가 관리 지역이다. 고분양가 관리지역 제도의 핵심은 주변의 신규 분양가 이상으로 분양가를 높이지 못한다는 점이다. 당연히 둔촌주공아파트 조합원들은 분양가를 높게 받고 싶겠지만 주택도시보증공사(HUG)에서 승인을 해주지 않을 것이다. 결국 분양가는 2천만 원대 중반에서 형성된다. 둔촌주공아파트의 미래가치나 잠재가치는 상당하며 머지않아 랜드마크로 부상할 것이다. 올해 분양이 될지는 모르겠다.

④ 광명 철산주공7단지

광명의 랜드마크로 이곳 역시 고분양가 관리지역이다. 이 제도가 시행되지 않았다면 건설사들은 분양가를 주변 시세 이상으로 책정했을 것이다. 주변 아파트의 청약경쟁률이 18:1에 달했기 때문에 이곳도 경쟁률이 굉장히 높을 것으로 예상된다.

⑤ 대전 신흥SK뷰

대전은 지금 전국에서 핫한 곳 중 하나다. 신흥SK뷰는 대전의 주요 지역 가운데 분양이 임박한 곳이다. 입지적으로도 괜찮다.

아파트를 분양받으면 얼마의 시세차익을 낼 수 있을지도 예상해보자. 보통은 분양을 하면 곧장 아파트 가격이 오를 거라고 생각한다. 그러나 바로 오르지 않는다. 2~3년간은 떨어지다가 이후 많이 오른다. 주거 편의시설이 2~3년 후에야 들어오기 때문이다. 그러니 주변 시세를 봐야 한다.

보통 입주 5년 이내인 아파트의 평균값을 통해 시세차익을 예상하면 된다. 이때, 아파트는 실거래가를 기준 삼아 보수적으로 판단해야 한다.

청약이 어렵다면 분양권 전매를 노려라

박지민

새 아파트에 살고 싶지만 청약으로는 도저히 가망성이 없다면 분양권을 매입하는 방법이 있다. 서울 아파트의 경우 제도가 바뀌어서 신정아이파크위브 이후로는 분양권 전매가 금지됐다. 그러나 2017년 분양권 전매제한이 도입되기 전에 분양한 단지들, 즉 2020년 2월까지 입주하는 아파트들 중에는 분양권을 사고팔 수 있는 곳이 있다.

그중 현재 래미안명일역솔베뉴와 휘경SK뷰가 입주 중이다 (2019년 7월 기준). 보통 입주 기간 두세 달 안에 입주를 못하거나 가격이 하락해 급매물이 나올 수 있다. 이 아파트들을 분양할 때는 다주택자도 청약에 당첨될 수 있었던 시기였기 때문이다. 일단 임대사업자등록을 하지 않고 등기를 처리하면 주택으로 인정되어 2주택자, 3주택자가 되고 양도세 중과세 대상이 된다. 따라서 양도세 중과세를 맞기보다는 차라리 단일과세 50%인 분양권 양도세를 내고 분양권을 팔려는 사람이 입주 전이나 입주 중에 생길 수 있다. 새 아파트로 갈아타기를 원하거나 서울에 내 집을 마련할 생각이라면 이러한 급매 물건을 잡는 것도 방법이다.

조만간 강남구 개포 디에이치아너힐즈, 신촌숲아이파크의 입주가 시작될 예정이다. 강남은 전용면적 84m²의 시세가 20억 원이 넘고 신촌·고덕·강동은 12억~13억 원이 넘는다. 신길뉴타운은 10억 원 정도이고 장위나 길음은 8억 원 정도다. 가격대를 감안해서 자신이 보유한 자금, 중도금 대출 승계 여부, 담보 대출 가능성까지 살펴보고 투자를 결정하면 좋을 것 같다.

분양권을 매입할 경우 원계약자가 지불한 계약금 10%에 시세차익을 지불해야 한다. 그리고 원계약자가 받은 중도금 대출 60% 중에 40%밖에 승계를 받지 못한다. 이건 무주택자에 한해서다. 승계되지 않는 중도금 20%는 현금으로 지불해야 한다.

예를 들어, 전용면적 84m²인 신정 아이파크위브의 분양권을 샀다면 6억 원 정도의 분양가 중 계약금인 6천만 원에 프리미엄 약 2억 원, 그리고 대출 승계가 되지 않는 1억2천만 원을 미리 계산해두어야 한다. 그래야 당장 매입할 때 들어가는 자금이 얼마고 나중에 입주할 때 들어가는 자금이 얼마인지 파악해 자금 스케줄을 세울 수 있다. 이미 입주한 아파트를 매입하는 경우에는 중도금 대출이 아니라 주택담보대출이 얼마나 나오는지를 확인해봐야 한다.

청약 부적격자 판정하기 퀴즈

청약 자격이 까다로워지면서 당첨자 중 평균 20~30%가 청약 부적격 판정을 받는다고 한다. 다음 사례를 참고해 모의 가점 계산과 부적격 판정을 해보자.

Q1.

세대주인 만 29세 미혼 직장인 A씨와 세대주인 만 29세 결혼 3년차 직장인 B씨의 무주택 가점은 각각 몇 점일까?

정답) A씨 0점, B씨 6점

무주택은 집이 없는 기간을 말하며 무주택 여부를 산정하는 시점은 만 30세다. 그래서 만 29세인 A씨의 무주택 가점은 0점이다. 그러나 만 30세 이전에 결혼한 기혼자 B씨의 경우 혼인신고일이 가점 기준일이 된다. 혼인신고일부터 1년이 지날 때마다 2점씩 점수가 올라간다. 따라서 B씨는 무주택 가점 6점을 받게 된다.

Q2. 만 35세 C씨가 청약을 했다. 만 66세의 아버지가 함께 사는데 아버지가 소형 아파트를 보유하고 있다면 C씨는 무주택자일까, 유주택자일까?

정답) 경우에 따라 무주택자

무주택자로 인정받으려면 청약 신청자인 세대주와 세대원 모두가 주택을 소유하지 않아야 한다. 그러나 예외가 있다. 세대원인 60세 이상의 아버지(직계존속)가 주택을 소유했더라도 무주택자로 인정받는다. 대신 부양가족으로는 인정받지 못해 C씨는 아버지에 대해서 부양가족 점수 5점을 받지 못한다.

또 다른 예외 사항으로 수도권을 기준으로 공시가격이 1억3천만 원 이하, 전용면적 60m² 이하의 소형 아파트를 한 채만 갖고 있다면 무주택자로 간주된다. C씨는 아버지의 소형 아파트 공시가격과 전용면적을 확인해 봐야 한다.

Q3. 만 35세 D씨가 청약을 했다. 만 58세인 어머니와 함께 사는데 최근에 어머니가 분양권을 취득했다. D씨는 무주택자일까, 유주택자일까?

정답) 경우에 따라 유주택자

2018년 12월 11일 이후 취득한 분양권이나 입주권은 주택으로 간주하며, 이전에 취득한 분양권은 무주택으로 간주한다. 또한 미분양이 난 주택의 분양권을 소유하거나 매수한 경우에도 무주택으로 간주한다.

Q4. 다음 중 부양가족으로 인정받을 수 있는 사례는?

① 재개발 입주권을 가진 만 70세 어머니

② 2년 전에 합가한 장인, 장모님

③ 해외유학을 마치고 돌아와 13개월째 같이 살고 있는 만 28세 동갑내기 아들 부부

정답) 없음

재개발 입주권이 있는 70세 어머니는 부양가족으로 인정받지 못한다. 2년 전부터 함께 살아온 장인 장모님도 부양가족으로 인정받지 못한다. 장인 장모님, 혹은 부모님은 주민등록상 3년 이상 함께 살아야 부양가족으로 인정된다. 해외유학을 마친 아들 부부도 부양가족에 해당되지 않는다. 기혼자녀는 완전히 다른 세대로 간주한다.

3장

거래절벽 돌파하는
부동산 투자 전략

이광수
미래에셋대우 수석연구위원

GS건설 재경본부, 동양증권 리서치센터, 한화증권 리서치센터를 거쳐서 현재는 미래에셋대우 리서치센터에서 인프라 및 부동산 애널리스트로 활동하고 있다. 최근에는 글로벌 리서치 기관인 Refinitiv에서 선정한 2019 스타마인 애널리스트 어워즈에서 Asia No.1 overall stock pickers로 선정된 바 있다. 지은 책으로 《흔들리지 않는 부동산 투자의 법칙》, 《서울부동산 경험치 못한 위기가 온다》가 있다.

홍춘욱
EAR 리서치 대표

한국금융연구원, 국민연금 기금운용본부, KB국민은행을 거쳐 EAR 리서치 대표로 일하고 있다. 지은 책으로는 《50대 사건으로 보는 돈의 역사》, 《밀레니얼 이코노미》, 《환율의 미래》 등이 있다.

부동산 불패 신화,
여기서 끝인가?

　우리나라 부동산 시장은 조용했던 적이 거의 없다. 2019년 상반기, 한동안 잠잠했던 부동산 시장이 다시 요동치기 시작했다. 정부가 금리를 내리고 추가 대책을 발표하자 부동산 시장에 대한 관심이 높아진 것이다.

　결국 정부는 집값 규제의 마지막 카드인 분양가 상한제를 내보였다. 부동산 신화는 이제 끝난 걸까, 아니면 앞으로도 지속될까? 증권가에서 활동한 두 명의 애널리스트가 현재 부동산 시장을 새로운 시각으로 분석해본다.

부동산 거래량 왜 줄었나

이광수

부동산 투자에서 언제 집을 사고 팔아야 하는가보다 중요한 것은 현재 상황을 정확하게 파악하는 것이다. 최근 서울 아파트 분기별 실거래 건수를 보면 2018년 4분기부터 2019년 2분기까지 거래량이 상당히 감소했다. 과거에는 서울에서만 1만~2만 가구 거래되던 것이 지금은 4천~5천 가구로 줄어든 상황이다.

거래가 감소하면서 가격에도 변동이 생겼다. 오르고 내리고를 반복하던 부동산 가격이 더 이상 오르지 않고 있다. 한마디로 지금은 거래가 감소하고 가격이 조정되는 시기라고 볼 수 있다. 이러한 현상은 언제 발생할까? 바로 수요가 감소했을 때다. 지금은 집을 사는 사람이 많지 않다는 의미다. 그렇다면 왜 수요가 서울뿐만 아니라 전국적으로 줄었을까?

그 이유를 알아보기 전에 2018년에 집값이 오른 이유부터 짚어봐야 한다. 집값이 크게 올랐던 2018년 8월과 9월(월별 아파트 실거래 가격 동향 표)에 집을 매입한 사람들을 대상으로 조사한 결과, 60~70%는 투자를 위해 집을 샀다고 답했다. 투자로 집을 사는 사람들이 많아서 집값이 올랐던 것이다. 즉 지금 수요가 줄어드는 현상은 투자하는 사람이 줄었다는 의미로 볼 수 있다. 왜

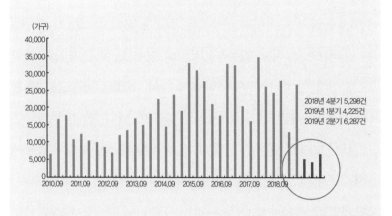

분기별 서울 아파트 실거래 현황

(가구)

2018년 4분기 5,298건
2019년 1분기 4,225건
2019년 2분기 6,287건

자료 : 부동산 114, 미래에셋대우 리서치센터

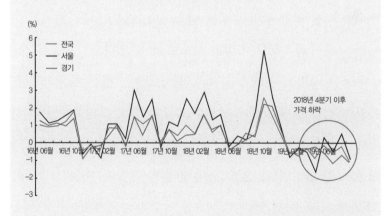

월별 아파트 실거래 가격 동향

(%)

전국
서울
경기

2018년 4분기 이후
가격 하락

자료 : 부동산 114, 미래에셋대우 리서치센터

투자하는 사람이 줄었을까?

그 이유는 첫째, 주택담보대출비율(LTV)이 40%로 줄어 대출이 힘들어졌기 때문이다. 둘째, 전셋값이 많이 감소했기 때문이다. 결과적으로 이제 집을 사려면 내 돈을 많이 투자해야 하는데, 내 돈을 투자한 대비 수익률이 낮다. 2017년과 2018년에는 서울에 집을 사면 거의 20~30%의 수익이 났다. 그런데 지금은 수익률이 10%로 떨어진 상황이다. 취득세 3%, 보유세와 양도세까지 계산해보면 수익률 10%는 굉장히 낮은 수준이다. 그래서 시장에 투자 목적으로 집을 사려는 사람들이 줄어든 것이다.

안타깝게도 현재의 부동산 거래절벽 현상은 쉽게 풀리지 않을 것 같다. 주택 수요가 줄어든 동시에 공급도 줄어들고 있기 때문이다. 현재는 사람들이 집을 팔지 않아 시장에 매물이 감소하고, 거래가 되지 않는 굉장히 힘든 상황이다. 집값이 내려가서가 아니라 시장이 불투명해서 힘든 것으로 볼 수 있다.

부동산 시장의 어려움을 해결하는 데에는 집을 가지고 있는 사람이 집을 팔지 말지에 달렸다고 생각한다. 그리고 이들의 결정에는 보유세가 큰 영향을 미칠 것이다. 다주택자의 보유세가 약 30~40% 증가했다. 앞으로 더 증가할 수 있다. 이제는 강남에 20억 원 집을 사면 연간 1천만 원 이상의 보유세를 내야 한다. 한 해는 버틸 수 있다. 그런데 2년, 3년 해마다 공시지가가 점점 올라가면 보유세도 같이 올라간다. 집주인의 마음이 불편할 수밖에 없다.

설사 단기적으로 매물이 줄고 수요가 생겨서 집값이 오른다고 해도 부동산 시장이 회복됐다고 말하기는 어렵다.

부동산 가격을 움직이는 요인은?

홍춘욱

부동산 시장을 좀 더 구체적으로 분석하려면 신규 주택 착공 건수를 봐야한다. 부동산은 다른 상품과 달리 수요가 늘어난다고 해서 바로 공급을 늘릴 수가 없다. 웬만한 아파트를 한 채 지으려면 3년 정도가 걸리기 때문이다.

그런데 우리나라 주거용 건축물 착공 건수는 2017~2019년, 3년 연속으로 마이너스인 상태다. 앞으로 신축 아파트는 점점 희소해질 것이라는 의미다. 일본처럼 장기불황으로 접어들면 수요가 살아날 수 없다. 그러나 인플레이션도 있고 경제 성장도 하는 정상적인 나라에서는 꾸준히 소득이 증가한다. 특히 최근 우리나라처럼 맞벌이가 늘어나는 사회에서는 1인당 소득 증가가 둔화될지라도 가구 소득은 늘어난다.

이런 상황에서 새집이 희소해지면 어떻게 될까? 세상에 흔한 것은 값이 싸다. 그런데 향후 2~3년 후에는 새 아파트 공급이 희소해진다. 이점이 핵심이다. 부동산에 투자할 때는 공급 물량에 관심을 가져야 한다. 아무리 좋아 보여도 공급 물량이 급증하는 지역은 조심해야 한다. 반대로 공급 물량이 없는 지역에 일자리가 늘어나고 소득이 증가한다면 장기투자를 해볼 만하다. 요컨대 부동산 시장에서 가장 중요한 것은 공급이라는 점이다.

이광수

나는 생각이 조금 다르다. 시장의 가격을 결정하는 건 시장에 내놓는 매물이고 시장에서 누군가 사려고 하는 수요다. 그러니 집값을 결정하는 것은 가구 수나 인구 수가 아니라 집을 사려는 수요자가 얼마나 많은지에 따라 결정된다고 생각한다.

집값에 영향을 주는 공급은 건설사가 많이 짓고 착공하는 물량이 아니라 집을 가진 사람이 시장에 내놓는 매물에 의해 결정된다. 서울은 다주택자가 40만 명이 넘는다. 강남의 자가점유율(자기 소유의 주택에 자기가 사는 비율)은 40%가 채 안 된다. 이처럼 서울은 많은 사람들이 집을 사고파는 유동성이 높은 지역이고, 이러한 점이 집값 상승에 영향을 미치는 것이다.

다른 예로, 2016~2019년에 전 세계의 집값이 동반 상승했다.

전 세계 건설사가 주택을 짓지 않아서 공급이 부족했던 걸까? 그게 아니라 전 세계적으로 유동성이 증가하면서 집에 투자하는 사람들이 증가한 것으로 볼 수 있다.

분양가 상한제가 투자수익을 감소시키나

이광수

많은 전문가들이 분양가 상한제가 실시되면 신축이 줄어드니 가격이 오를 거라고 말한다. 그러나 집값을 결정하는 핵심은 앞에서 말했듯이 건설사의 공급 물량이 아니다. 예를 들어, 강남에 새 아파트가 많아진다고 해서 강남 집값이 내려갈까? 오히려 살기 좋다고 더 오를 것이다.

분양가 상한제가 부동산 시장에 큰 영향을 미치는 이유는 재건축 시장의 투자수익률을 감소시키기 때문이다. 일반 분양가가 내려가면 재건축을 누가 할까? 대부분의 재건축은 일반 분양을 통해 조합원의 분담금을 줄여가면서 진행한다. 그런데 분양가가 낮아지면 조합원이 사업비의 부족한 부분을 분담금으로 채워야 한다. 분양가 상한제로 인해 조합원의 분담금이 올라가면 재건축을 진행할 이유가 없어지는 것이다.

실제로도 분양가 상한제가 시행된다는 말이 나오자마자 4천만 원에 육박하던 분양가가 2천만 원대로 내려갔다. 투자수익률이 떨어지니 투자자가 줄어들고 가격도 내려갈 가능성이 크다. 그러므로 분양가 상한제로 인해 재건축 사업 추진이 막혀서 새 아파트가 부족해지고, 결국 집값이 많이 오를 거라는 논리는 옳지 못하다.

집값을 움직이는 것은 내가 돈을 얼마나 버느냐의 관점으로 봐야 한다. 집값이 올라가면 착공 수가 증가한다. 가격이 오르니까 공급을 많이 하는 것이다. 반면에 가격이 내려가면 공급을 안 한다. 가격이 계속 오르는데 분양가 상한제가 적용된다고 해서 재건축을 안 할까? 할 거다. 신축 아파트는 구축 아파트와 가격 차이가 크니 당연히 진행하게 된다. 아마 나홀로 재건축과 리모델링이 생기면서 새집이 증가할 것이다.

결국 부동산 투자를 움직이는 건 분양가 상한제가 적용되더라도 주변 아파트 가격이 어떻게 움직이느냐, 즉 가격 변동 요인에 의해 결정된다고 볼 수 있다. 시장에는 교정 작용이 있어서 주변 아파트 가격이 올라가면 오래된 아파트도 사업을 진행할 수밖에 없다. 시장에 투자하려는 사람들이 많고 적은가에 의해 가격이 결정될 가능성이 높다는 말이다.

지난 2013년은 집을 사기에 굉장히 좋은 시기였다. 입주 물량이 감소해서가 아니라 가격이 내려가서 좋았던 것이다. 지금은 가격이 엄청나게 올라서 집을 사기에 좋은 시기가 아니다. 지금은 어디에 집을 살지보다는 언제 집을 살지가 중요해 보인다.

홍춘욱

공급자 입장에서 봐도 분양가 상한제는 투자수익을 감소시킨다. 옆 단지가 평당 3천~4천만 원인데 자신의 단지만 2천만 원에 일반 분양하고 자기분담금을 올려야 한다면 조합원들이 재건축을 진행할까? 아마 분양가 상한제가 적용되기 전에 사업을 진행하든, 아니면 분양가 상한제가 폐지될 때까지 진행하지 않고 기다릴 것이다.

분양가 상한제가 재건축 사업의 수익성을 악화하는 것은 분명하다. 그러나 다른 방면으로 부동산 시장에 어떤 영향을 미칠지도 함께 봐야 한다. 즉 분양가 상한제로 인해 앞으로 공급이 감소할지 증가할지도 생각해야 한다는 말이다. 역사적으로 보면 분양가 상한제와 같은 규제 정책은 훗날 공급 감소에 영향을 줬다. 그러니 앞으로 공급이 부족할 거라는 기대 심리로 인해 부동산 가격이 오를 가능성이 있다고 생각한다.

재건축 재개발 시장, 투자가치 있나

이광수

부동산에 투자할 때는 정부 정책이 중요하다. 정부 정책은 부동산 시장에 단기간이 아니라 장기간 큰 영향을 미치기 때문에 정부가 하지 말라는 것을 굳이 할 필요는 없다. 현재 정부가 규제만 내놓는 것 같지만 사실 특별히 힘을 실어주는 사업이 있다. 바로 도시재생사업이다.

물론 지금은 부동산 가격이 급등할까봐 적극적으로 사업을 펼치지 못하고 있지만 향후에 부동산 경기가 위축되면 본격적으로 사업이 진행될 가능성이 있다. 도시재생사업은 결국 재개발 사업이다. 그동안 비교적 낙후되었던 지역에 사회적인 인프라를 구축하고 주거 환경을 개선하는 목적이 있다.

지금까지는 재건축 사업이 재개발 사업보다 주목받았다. 재개발이 훨씬 시간이 오래 걸리기 때문이다. 시간이 오래 걸릴수록 투자가치는 떨어진다. 투자수익을 내기까지 10년, 20년이 걸리면 그만큼 할인 기간이 길어져서 가치가 떨어지는 것이다. 그런데 도시재생사업처럼 정부가 정책적으로 보조해주면 사업 진행 시간이 굉장히 단축된다.

홍춘욱

지난 5년간 부동산 시장에서 재건축 시장이 제일 좋았다. 재건축 아파트는 분양 불패였다. 재건축 아파트값은 철거할 때 한 번, 분양할 때 한 번, 입주할 때 또 한 번 오른다. 그런데 지금 재건축은 너무 비싸다. 게다가 분양가 상한제를 피하지 못한 단지들은 수익성이 굉장히 악화될 것이다.

이미 착공에 들어간 재건축 단지 중 분양가 상한제가 적용되는 곳들이 있다. 분양가 상한제로 수익성이 나빠졌다고 걱정하지만 그럴 것까지는 없다고 생각한다. 어차피 새 아파트는 희소성으로 시세차익(프리미엄)이 붙기 때문이다. 지금 수익성이 나빠져도 입주를 시작하면 프리미엄으로 보상받을 가능성이 충분하다고 본다. 특히 입주만 남겨놓은 단지나, 입주 직후인 곳은 앞으로 희소성이 더 부각될 여지가 있다.

문제는 지금 재건축을 추진 중인 단지다. 현재 정부의 정책이 바뀌어 불확실성이 높아졌다. 그러니 재건축 단지 투자에 관심을 가지고 있다면 장기투자의 관점에서 수익성이 있는지를 잘 따져볼 필요가 있다.

앞으로 재건축 투자는 희소한 신축, 서울 면적이 늘어나는 지역에 관심을 가져야 한다. 여기서 서울 면적이 늘어나는 지역이란 어렵게 생각하지 않아도 된다. 신분당선을 생각하자. 가령

분당은 신분당선 덕분에 강남역까지 20~30분 거리가 됐다. 신분당선을 비롯해 지하철 9호선 급행 열차와 광역도시철도의 개통으로 서울과 거리가 급격히 좁혀지는 지역들은 굉장히 성장했다.

이러한 맥락에서 2020년 정부 예산안을 살펴보기를 바란다. 국책 사업으로 정부 예산이 들어가는 지역들을 눈여겨 봐둘 필요가 있다. 그리고 한 번 더 강조하지만 재건축에 투자할 때 착공 발표와 기공식은 고려할 사항이 아니고 믿어서도 안 된다. 무조건 땅을 판 지역만을 기준으로 투자를 고려해야 한다. 여기에 5~7년 뒤 철도 개통 호재가 겹치는 지역은 투자가치가 있다고 생각한다.

3기 신도시 투자가치 있는가

홍춘욱

나는 신도시마다 투가가치가 다르다고 생각한다. 분당은 집값이 올랐지만 다른 지역은 그렇게 오르지 못했다. 신도시는 서울 도심에서 30~40km 떨어진 곳에 개발된다. 다들 비슷하게 멀리 떨어져 있다. 그래서 부동산 시장이 좋지 않았던 2014~2015년에는 다들 동반 조정을 받고 가격이 많이 내려갔다. 그런데 그 이후에는 서로 다른 양상으로 가격이 올랐다. 어떤 차이가 있었던 걸까? 바로 교통망에 차이가 있다.

노태우 정권 시절에 왜 서울에서 30km나 떨어진 곳에 신도시를 만들었던 걸까? 그때는 집안의 가장만 서울로 출퇴근하면서 애들을 키우는 4인 가족, 5인 가족이 일반적이었다. 그래서 가장은 출퇴근 지옥에서 고생하더라도 나머지 가족이 좋은 주거 여건에서 살 수만 있다면 만족했던 것이다. 그래서 나도 신도시에 첫 집을 마련했다. 정말 출퇴근 길은 지옥이었다. 그러나 아이들이 좋은 교육 여건과 주거 여건을 누리는 것에 만족했다. 그리고 그 당시만 해도 전국 신도시 아파트값은 비슷하거나 같이 올랐다.

그러나 최근에 가격 격차가 벌어졌다. 이런 일이 발생한 이유가 바로 교통망 때문이다. 3기 신도시 중 우리나라의 일자리 중심 지역인 강남, 광화문, 여의도, 마포, 가산디지털단지, 상암동과 접근성이 좋은 곳은 투자에 희망이 보인다. 이 지역까지 교통망이 확충되는 신도시는 장기투자를 해볼 만하다.

3기 신도시의 수많은 교통대책과 교통망 확충 발표 중에서 최근에 땅을 판 곳은 한 군데밖에 없다. 그곳 정도는 희망을 가지고 신도시 투자를 해볼 만하다. 그러나 그 이외의 지역은 앞으로 분석이 필요해 보인다.

덧붙여 정부는 2020년 예산을 3기 신도시의 교통망을 확충하는 데 사용하겠다고 약속했다. 예산안이 어떻게 확정될지도 신도시 투자에 있어서 핵심 요인이 될 거라고 생각한다.

앞으로 10년, 집값을 움직일 요인은?

홍춘욱

1950년대까지 전 세계의 부동산 실질 가격이 오르지 않았다. 여기서 실질 가격이란 물가를 반영한 가격을 말한다. 그런데 1960~1970년대 사이에 부동산 가격이 급등하기 시작했다. 이 시기에 전 세계 부동산 가격이 왜 오른 걸까? 이는 철도망 감소와 관련이 있다. 1960년대부터 전 세계에 철도망이 줄어들었다. 우리나라만 해도 도심의 경우 지상에 있던 철로를 모두 걷어내고 지하철을 만든 다음 그 부지에 도로를 만들었다. 그래서 고속도로는 늘지만 철도는 총연장 자체가 줄어들었다.

철로가 줄어들고 도로가 늘어나는 것이 집값과 어떤 연관성이 있을까? 도로를 만들고 다리를 놓을수록 이용하는 사람이 늘어나고 길은 더욱 막히게 된다. 한편, 도시에는 일자리가 늘어나니 사람들은 점점 도시와 가까운 지역에 거주하게 된다. 도로가 만들어져 교통이 편리해질수록 오히려 사람들은 도시와 가까운 지역에 거주한다는 말이 역설적으로 들리겠지만 결코 그렇지 않다. 도시에서 떨어진 외곽에 거주하면 출퇴근 시 교통 체증을 겪어야 하고, 이동 시간도 오래 걸린다. 결국 사람들은 일자리가 모여 있는 삼성동, 광화문, 을지로, 여의도, 마포와 가까운 위치로 주거지를 옮기게 되고 이 지역들의 주택 가격이 오르게 되는 것이다. 전 세계 12개 선진국들을 봐도 도시로 모여드는 움직임만 있을 뿐 도시 외곽으로 나가는 움직임은 없다.

물론 향후에 매우 대대적인 교통망 확충으로 서울에서 멀리 떨어진 지역에서도 출퇴근 시간이 단축된다면 외곽으로 인구가 빠져나갈 수 있고 외곽 지역의 집값도 오를 가능성이 있다. 그러나 대대적인 교통망 확충이 아니고서야 직주근접에 따라 직장과 붙어 있는 지역들에 대한 선호가 강화될 것이다.

미래가치가 높은 투자 상품은?

이광수

투자의 관점으로 세상을 바라보면 세상이 약간 다르게 보인다.

만약 1천만 원이 공짜로 생겼다면 국채 1천만 원어치를 살까, 복권 1천만 원어치를 살까? 대부분 국채를 살 것이다. 복권을 산다고 반드시 당첨될 거라고 생각하지 않기 때문이다.

투자에서는 불확실성이 굉장히 중요하다. 여기서 불확실성이란 리스크를 말한다. 그런데 정말 복권이 국채보다 더 불확실할까? 복권은 불확실하지 않다. 어차피 당첨되지 않을 거라고 어느 정도 예상이 가능하기 때문이다. 사실 국채가 복권보다 훨씬 불확실하다. 그렇다면 1천만 원으로 복권을 사야 할까? 복권을 사는 것은 불확실성(리스크)을 잘못 판단한 것이 아니라 그냥 투자를 잘못한 것이다. 복권은 투자라고 말할 수 없다.

부동산으로 이야기를 해보자. 집을 사야 하는데 집값이 굉장히 올랐다면 불확실성이 커졌다고 할 수 있다. 이럴 때는 더욱 주의해야 한다. 반대로 가격이 엄청 내려갔다면 앞으로 가격이 더 내려갈 가능성이 적으니 불확실성이 작아졌다고 할 수 있다. 이처럼 무엇에 투자를 하든 가장 중요한 것은 불확실성을 따져보는 것이다.

요즘 강남 아파트를 안전자산이라고 생각하는 사람이 많다. 그런데 강남 아파트가 안전자산이 되려면 세 가지 조건을 충족해야 한다. 첫째, 시장이 불안할 때 유동성이 있어야 한다. 둘째, 수익률이 정기적이고 안정적으로 높아야 한다. 셋째, 경기변동에 저항성이 있어야 한다. 경기가 나빠져도 금처럼 어느 정도 가치가 지속되어야 한다는 의미다.

이 세 가지 조건으로 판단하면 강남 아파트는 안전자산일까? 절대 그렇지 않다. 우선 불확실성이 너무 크다. 변동성(자산의 가격이나 가치가 시간이 지남에 따라 변하는 정도)은 높아졌는데 거래량은 줄었기 때문이다. 이 정도면 투자 자금을 완전히 빼야 한다.

이러한 관점에서 부동산 직접투자 대신 간접투자 상품인 '리츠(REITS)'를 추천한다. 미국 리츠의 경우 지난 20년간 수익률은 미국 나스닥에 투자한 것보다 훨씬 높으며 10년간 수익률은 비슷하다. 게다가 리츠는 분기별로 배당수익이 나오고 시장에서 거래되기 때문에 유동성도 있다. 미국의 리츠는 앞으로 한국에도 많이 상장될 것이다.

이처럼 세상을 투자의 시각으로 바라보면 조금 다른 눈을 갖게 된다. 리스크에 대한 관점, 내가 사고 싶은 집, 아이들을 기르는 환경 등에 대한 생각이 달라진다. 우리나라 사람들은 자산의 75%가 부동산에 묶여 있다. 그런데 정말 부동산 가격이 계속 오를까? 물론 가격이 지금 안 올라도 10년, 20년 후에 오를 수 있다. 그러나 지금 당장 가격이 내려가는 곳이라면 투자가치가 있다고 할 수 있을까? 투자를 한다면 최소한 이러한 리스크에 대해서 생각해보는 자세가 필요하다.

홍춘욱

우리나라에는 한 가지 특이한 점이 있다. 부자나 가난한 사람이나 똑같이 부동산을 좋아한다는 점이다. 그래서 부동산 투자가 매우 과하게 이루어지는 경향이 있다.

부동산 투자를 하는 사람에게 해줄 수 있는 조언은 집값이 빠질 때 매입하라는 거다. 그때는 사는 사람이 갑(甲)이기 때문이다. 그런데 집값이 빠질 때 못사는 이유는 이미 다들 집을 가지고 있기 때문이다. 내 집을 팔고 다른 집을 사야 하는데 거래가되지 않아서 저가 매수가 불가능한 것이다.

부동산을 저가 매수하려면 우선 유동성이 확보되어야 한다. 그런데 우리나라의 아파트값이 빠진 적은 1997~1999년, 2013~2014년 두 번이었다. 바로 환율이 급등했을 때다. 환율이급등했다는 것은 외국인이 우리나라 주식이든 부동산이든 채권이든 모조리 팔고 나갔다는 의미다. 그때 달러를 보유한 사람은환차익을 얻었다. 그렇게 얻은 이익금으로 외국인이 팔고 간 국내 부동산을 사면 외환 시장 안정에 도움이 되고 개인적으로도이익을 얻을 수 있다.

부동산 외에 저가 매수하는 방법을 하나 알려주면, 바로 달러투자다. 리츠도 좋다. 미국 주식도 좋고 미국 채권도 좋다. 환율이 급등하는 시기가 언제 올지는 모른다. 하지만 달러에 투자하는 것은 자산 배분 측면에서도 유용한 전략이다.

우리나라 부동산 시장에서 투자하기 좋았던 시기는 이미 지나 갔다. 제일 좋았던 시기는 2015년이었다. 앞으로도 투자 기회는 있겠지만 2015년만큼 좋은 기회가 오리라고는 생각하지 않는다. 이제는 부동산 투자가 전부가 아님을 인식하고 다른 투자 상품을 찾아보아야 한다.

고종완
한국자산관리연구원 원장

건국대학교 부동산대학원을 졸업하고, 한양대학교 도시공학 박사학위를 받았다. 현재 국민연금공단 투자심의위원, 경기도도시재정비 위원, 산업단지공단 자문위원, 한양대학교 도시융합대학원 특임교수, 인하대학교 정책대학원 초빙교수로 활동하고 있다. 지은 책으로는 《고종완의 부동산 투자는 과학이다》가 있다.

침체기를 이기는
슈퍼 부동산 투자 전략

부동산 투자에 관해서 이야기할 때 빠지지 않는 세 가지 질문이 있다. 지금 집을 살 때인가 팔 때인가? 투자 유망 지역은 어디인가? 어떤 부동산이 투자가치가 높은가? 이 질문들에 답을 구하려면 부동산 경기를 예측하는 안목이 필요하다.

이와 더불어 요즘 진짜 뉴스와 가짜 뉴스를 구분하라는 말이 있듯이 부동산도 좋은 부동산과 나쁜 부동산을 구분할 줄 알아야 한다. 그래야 수많은 부동산 중 미래가치가 있는 슈퍼 부동산을 감별해낼 수 있다. 슈퍼 부동산을 고르는 방법은 '성공 투자

대원칙'을 통해 자세히 소개하겠다.

향후 2년 부동산 경기 전망

현재 부동산 시장에서는 거래량이 다소 줄어들고 있다. 금리가 인하되었지만 지금처럼 대출 규제가 심한 상황에서는 부동산 거래가 활성화되기 어렵다. 거래량이 회복되지 않았는데 집값만 홀로 상승할 수는 없다. 더욱이 요즘 미분양 아파트 물량이 늘어나는 추세로 당분간 부동산 가격이 오르기 힘들 듯하다.

최근에는 재건축 아파트에 투자하던 사람들의 투자 흐름에도 변화가 생겼다. 재건축 아파트에 투자하지 않고 꼬마빌딩에 투자하는 것이다. 그 이유를 살펴보니, 재건축 아파트의 가격은 올랐는데 대출 규제가 강화되어 투자에 어려움을 겪게 된 것이다. 그 결과 재건축 아파트의 대체 상품인 꼬마빌딩으로 투자가 옮겨가게 된 것으로 보인다.

이를 토대로 2021년까지 부동산 경기를 예측하면, 여전히 불안하다고 본다. 부동산 경제에 영향을 미치는 실물경기와 정책 등을 종합적으로 봤을 때 문재인 정부까지는 집값이 오르기 쉽지 않다고 생각한다. 여기서 집값이 오르기 어렵다는 말은 집값이 내려간다는 의미는 아니다.

향후 1~2년간은 부동산 가격이 오르기 어렵지만 2021년부터는 시장이 조금씩 달라질 것으로 보인다. 우리나라는 2021년 이후부터 서울을 중심으로 입주 가뭄이 찾아온다. 아직 정부가 발표하지 않아 공식 통계는 아니지만 서울의 경우 2021년부터 입주 물량이 많이 줄어든다. 공급이 부족한 시장에 분양가 상한제와 같은 규제 정책이 강화되면 공급 물량이 더욱더 줄어들게 될 것이다. 시장에 물량이 없으면 아파트 가격이 오를 가능성이 있다. 게다가 서울은 재건축 재개발 사업을 억제하고 있다. 전문가가 아니어도 눈치가 빠른 사람은 앞으로 공급 물량이 없다는 걸 예측할 수 있다.

일각에서는 3기 신도시가 공급 부족을 해소하지 않겠느냐는 의견도 있다. 그러나 3기 신도시는 서울 아파트에 대한 수요를 맞춰주지 못한다. 과거에 1기 신도시 분당과 2기 신도시 판교, 광교, 위례, 하남은 강남에 대한 투자수요를 충족시켰다. 그러나 3기 신도시의 경우 강남을 대체할 곳을 기대한 사람들에게 고양 창릉, 인천 계양, 남양주 왕숙, 부천 대장은 미스매치로 여겨질 것이다.

어쨌든 집값은 3년 후 정권 교체기에 오를 가능성이 크다. 그러니 거래량이 회복되고 전셋값과 땅값이 다시 본격적으로 오르기 전까지는 성급하게 집을 사지 말고 기다리기를 바란다. 지금은 집을 살 때가 아니다.

특히 재건축의 경우에는 악재가 많다. 분양가 상한제 직격탄도 나오고 있다. 개인적인 예측이지만 앞으로 강남권 일대의 집값이 계속 오르면 정부가 주택거래허가제도 같은 정책을 내놓을 수 있다. 토지거래허가제처럼 해당 지역에 살려면 허가를 받아야 하는 강한 정책이 나올 수 있다.

부동산 시장을 장기적으로 보면, 우리나라 부동산 시장은 지금부터 2025년까지 수도권 광역급행철도인 GTX를 비롯한 교통혁명이 진행되어 성장세가 유지될 것 같다. 게다가 2028년까지 인구가 증가하고, 2040년까지 가구 수와 소득이 증가한다. 2030~2040년에 서울의 수요와 성장은 어느 때보다 높아질 것이다. 서울 아파트는 2040년까지 보유해도 투자가치가 있어 보인다. 그러나 2040년 이후부터는 장담할 수 없다.

집을 사고 싶어도 당분간 관망하는 것이 좋지만, 그래도 지금 반드시 사야겠다면 '성장지역'에만 투자하기를 바란다. 부동산 투자에서 시기만큼 중요한 것이 지역 선택이다. 성장지역을 고르는 방법은 '성공 투자 대원칙'에서 자세히 살펴보겠다.

성공 투자 대원칙 1 : 땅값과 대지지분을 확인하라

대부분의 부동산 전문가들이 교육 환경이 좋고, 교통이 편리하며, 편의시설과 상업시설이 잘 갖춰진 곳이 살기 좋고 집값이 오른다고 말한다. 정말 그럴까? 강남을 예로 들어보자. 강남이 교육환경과 교통, 편의시설을 잘 갖춘 곳은 맞지만 이러한 환경 덕분에 집값이 오른 것만은 아니다. 그러니 전문가들의 말은 절반만 맞다.

강남의 집값이 오른 배경에는 땅값이 오른 요인이 크다. 다시 말해 땅값이 올라서 집값이 덩달아 오른 것이다. 아파트는 토지와 건물로 구성되어 있는데 건물은 시간이 지나면 노후화되고, 노후화되면 감가상각되고, 감가상각되면 경제적 가치가 감소하고, 경제적 가치가 감소하면 가격이 하락한다. 강남 아파트의 경우 아파트 건축비 자체는 비싸지 않다. 다만 땅값이 비싸기 때문에 아파트 가격이 비싼 것이다. 그러니 아파트를 사려는 사람은 땅값을 봐야 한다.

서울만큼 경기도와 인천도 살기 좋은데 왜 서울만 집값이 오르냐는 질문을 많이 듣는다. 왜 서울 집값만 오르는 걸까? 이 또한 땅값으로 설명할 수 있다. 서울의 땅값은 경기도와 인천보다 많이 올랐다. 그래서 서울 집값이 많이 오른 것이다.

땅값이 오르는 데에는 4가지 조건이 있다. 해당 지역의 인구가 증가해야 하고, 그 인구의 소득도 증가해야 한다. 이와 더불어 인프라가 좋아야 하고, 개발 계획이 있어야 한다. 이를 거꾸로 생각하면 땅값이 안 오르는 이유도 간단하게 설명할 수 있다. 땅값이 오르지 않는 지역은 인구가 증가하지 않고 성장세가 떨어지는 것이다.

그러면 집값은 언제 떨어질까? 땅값이 떨어지면 집값이 떨어진다. 다시 말해 땅값은 부동산에서 본질적인 핵심가치라고 할 수 있다. 투자하려는 아파트가 향후 값이 오를지 알고 싶다면 지난 5년, 10년 동안 땅값이 꾸준히 올랐는지를 보면 어느 정도 예측할 수 있다.

비슷한 가격으로 거래되는 여러 아파트 가운데 어떤 아파트를 사야 할지 고민될 때도 땅의 가치를 봐야 한다. 이때는 대지지분을 확인하라. 대지지분이란, 아파트 전체의 대지면적을 가구 수로 나눈 면적을 말한다. 대개 아파트는 1, 2, 3차가 있다. 이때 거래되는 가격이 비슷하다면 대지지분이 넓은 아파트를 선택하는 것이 낫다. 개별 아파트의 투자가치는 대지지분의 내재가치에 있기 때문이다.

그렇다면 투자가치란 무엇일까? 내재가치(Intrinsic value)와 미래가치(Future value)를 모두 포괄하는 개념이다. 아파트의 내재

가치란 입지, 수익, 희소가치를 포괄하는 개념이다. 대지지분이 넓고 땅값이 꾸준히 상승하며, 자본수익과 임대수익이 높은 아파트를 내재가치가 뛰어나다고 말한다. 반면 아파트의 미래가치란 미래 성장가치를 의미한다. 인구 증가, 소득 증가, 인프라 확충, 행정 계획이 성장 조건에 해당하며 이를 충족하는 아파트를 미래가치가 높다고 말한다. 이를 테면 아파트가 위치한 지역에 새로운 지하철역이 들어서는 행정 계획이 있고, 인프라 확충으로 주거생활이 편리하며 그로 인해 인구와 수요가 증가하고 있다면 미래가치가 높다고 할 수 있다.

워런 버핏(Warren Buffett)은 아무리 우량 기업의 주식이라도 고점으로 올라갈 때는 사지 않는다고 했다. 주식이든 부동산이든 가격이 올라서 사람들이 벌떼처럼 몰려들 때 절대 사면 안 된다. 그러면 언제 사야할까? 위에서 말한 내재가치 요소인 땅값에 대비해서 부동산 가격이 하락할 때 사야 한다. 가격이 내려갈 때 사면 확실히 돈을 번다.

성공 투자 대원칙 2 : 핵심 입지에 투자하라

성장지역이 되려면 인프라 확충이 중요하다. 삼성동이 성장

지역으로 주목받는 것은 지하철, GTX, SRT가 들어서고 지하 도시가 건설되며, 103층짜리 글로벌비즈니스센터(GBC)가 세워지기 때문이다. 이렇게 긍정적인 변화가 많은 곳에 투자해야 한다. 변화에는 상향 변화가 있고 하향 변화가 있다. 슬럼화는 하향 변화에 해당한다. 투자는 하향 변화가 일어나는 곳이 아니라 상향 변화가 일어나는 핵심 입지(Core location)에 해야 한다.

핵심 입지를 파악하는 방법은 간단하다. 예를 들어, 현재 삼성동의 핵심 입지는 코엑스와 무역센터다. 이곳에 돈과 사람이 가장 많이 모이기 때문이다. 그러나 미래 핵심 입지는 건너편인 글로벌비즈니스센터(GBC)로 바뀔 가능성이 크다. 잠실의 핵심 입지는 과거에 롯데백화점이었으나 지금은 제2롯데월드다. 그러니 제2롯데월드와 가장 가까운 아파트, 잠실주공5단지가 미래에 투자하기 좋은 곳이라 볼 수 있다.

그렇다면 미래에 인프라 변화가 많이 일어날 핵심 입지는 어디일까? 총 세 곳을 뽑아봤다. 첫 번째, 청량리역 주변이다. 청량리역은 GTX 3개 노선 가운데 2개(B, C 노선)가 교차하는 역이다. 지금보다 유동 인구가 더 늘어날 것으로 예상된다. 또한 동북선 경전철이 개통되면 환승역 호재와 맞물리며 수혜가 클 것이다.

두 번째, 광화문을 중심으로 한 사대문 도성 안이다. 역사와 문화가 있는 이곳은 문화적 상징성이 풍부하다. 서울시가 역사 문화도시 재생산업으로 행정력을 집중하고 있으니 긍정적으로 봐도 된다.

세 번째, 용산의 민족공원이다. 이곳은 용산에서 사람과 돈이 가장 많이 몰리는 곳이며 남산, 한강, 세운상가와 연결되는 삼각 지역 같은 곳이다. 뉴욕의 센트럴파크와 같은 곳으로 부상하여 대체 불가능해질 것이다.

이처럼 투자의 기본은 핵심 위치, 대체 불가능한 지역에 투자 하는 것임을 기억하라.

저평가된 성장 잠재 지역

현재는 저평가되어 있지만 앞으로 성장 가능성이 높은 지역은 어디일까? 서울 지역 안에서 두 곳을 꼽을 수 있다. 하나는 지금 까지 소외되었던 서울 서남권의 금천구다. 금천구는 그동안 개 발이 되지 않고 슬럼화되어 이미지가 매우 낙후되어 있었다. 그 런데 도시재생사업이 이루어지고 신안산선이 개통되면 교통 열 세 지역에서 교통 우세 지역으로 탈바꿈할 것이다. 아직은 집값 이 저렴하기 때문에 투자 자금이 풍부하지 않은 사람들이 도전

해볼 만한 곳이다.

나머지 한 곳은 중랑구 망우동이다. 망우리공원은 공동묘지 이미지가 강해 지금껏 개발되지 못하고 낙후된 상태로 머물러 있었다. 하지만 상봉터미널복합개발 사업이 완공되고 GTX B노선이 들어서면 상봉동과 함께 진가를 발휘할 것이다. 망우동 역시 금천구처럼 아직 저평가되어 있기 때문에 자금이 많지 않은 사람들에게 권하고 싶다.

3시 신도시 투자 성공 가능성

최근 가장 뜨거운 이슈 중 하나인 3기 신도시는 성공 가능성이 크다. 과거에 전문가들이 세종신도시와 마곡신도시가 성공할 것이라 전망했는데, 전망과 달리 미분양이 발생했었다. 그러나 시간이 지나고나니 모두 인기 지역이 됐다. 집값도 많이 올랐다. 이처럼 신도시는 뒤늦게라도 성공할 가능성이 크다.

특히 시범단지로 지정된 곳을 눈여겨보길 바란다. 정부 입장에서 시범단지가 성공해야 낙수효과(Trickle-down effect)를 기대할 수 있기 때문이다. 신도시의 시범지역은 1, 2, 3차까지 나온다. 특히 역세권에 자리 잡는다면 향후 지역의 노른자가 될 가능성이 크다. 신도시는 의심하지 말고 정부를 믿고 신규 분양을 받는 전략이 유리하다. 미분양이 나면 청약통장이 없어도 분양받을 수 있으니 투자해볼 만하다. 30평 기준으로 2억~3억 원 이익을 볼 수 있을 거라 예상한다.

고준석
동국대학교 법무대학원 겸임교수

신한은행에서 30년간 일하며 부동산투자자문센터장을 역임했다. 고액 자산가들이 몰려 있는 강남, 서초, 용산 지점을 두루 거쳐 부자들의 투자 동향을 잘 아는 전문가로 꼽힌다. 현재는 국내 1호 부동산 프라이빗뱅커(PB)로 활동 중이다. 지은 책으로 《부자가 되려면 부자를 만나라》, 《은퇴부자들》, 《경매부자들》, 《강남부자들》, 《대한민국 집테크》 등이 있다.

부자들의
부동산 자산관리 비법

2020년에는 부동산으로 어떻게 자산관리를 해야 할까? 사람들은 부동산 가격이 올라가고 내려가는 것을 보고 자산관리를 결정하는 경향이 있다.

그러나 자산관리의 핵심은 부동산 가격이 아니다. '의사결정'이 핵심이다. 금융자산이 아닌 부동산으로 자산관리를 할지 말지를 결정하는 것이 중요하다는 말이다. 부동산으로 자산관리를 하겠다고 결정했다면 이제 언제 무엇을 사야 하는지 고민할 차례다.

부자들의 부동산 자산관리 핵심

현재 우리나라는 금리가 최저치로 내려갔다. 금리가 내려가면 부동산 시장이 좋아져야 하지만 부동산 가격은 박스권(가격이 일정한 상한선과 하한선 안에서만 오르내리며 상한선과 하한선을 깨지 못하는 현상)에서 슬금슬금 올라갈 뿐이다. 그럼에도 불구하고 우리나라를 포함한 OECD 국가들의 부동산 가격은 대체로 우상향하고 있다. 그런데 왜 내 집 가격만 안 오를까? 투자를 잘못한 탓이다. 그러면 빨리 의사결정을 하고 다른 곳으로 갈아타야 한다.

부자들이라고 매번 투자에 성공하는 것은 아니다. 하지만 위기 상황이 발생할 때마다 의사결정을 통해 잘못을 바로잡는다. 의사결정을 힘들어하는 사람은 부자가 되지 못한다. 특히 부동산을 사기 전부터 세금을 걱정하는 사람들이 너무 많다. 부동산을 얼마나 보유하고 있기에 그렇게 고민하는 것일까? 사지도 않고 고민하는 것은 아무런 의미가 없다. 게다가 모든 부동산이 양도세 부과 대상인 것도 아니다.

지금 정부는 규제와 관련된 정책을 많이 내놓는다. 부동산 규제 정책은 30년 동안 140번 이상 바뀌었다. 계속 부동산 정책이 바뀐 셈이다. 그러니 현재의 부동산 정책도 언제 바뀔지 모른다는 점을 인지해야 한다.

과연 부자들은 부동산 정책이 계속 바뀌는 동안에 투자를 쉬었을까? 만약 지금부터 20년 전인 1997년 IMF 금융 위기 때 부동산 투자를 했다면 돈을 벌었을까, 못 벌었을까? IMF인데 무슨 부동산 투자냐고 생각한다면 부동산 투자에 대해 모르기 때문에 그렇다. 결국 나한테 온 기회는 지나가 봐야 안다. 만약 IMF 때 부동산을 팔지 않고 샀다면, 금융자산으로 운영하지 않고 부동산에 투자했다면 분명 돈을 벌었을 것이다. 그러니 앞으로 10년, 20년 후에 부자가 되어 있으려면 지금 팔 건 팔고 살 건 사야 한다.

몽골제국 창업자인 칭기즈칸(Chingiz Khan)은 작전을 세울 때는 정말 신중하고 느렸지만 작전을 실행할 때는 재빠르게 움직였다. 부자도 마찬가지다. 대한민국 부자들은 의사결정 전까지는 굉장히 신중하지만 일단 의사결정이 끝나면 굉장히 빠르게 움직인다. 지금도 우리는 기회가 와도 기회인지 모르고 가만히 있는다. 부자가 되려면 당장 실행해야 한다.

분양가 상한제가 실시되어도 부자들은 가만히 있지 않을 것이다. 분양가 상한제에서도 가격이 떨어지지 않을 아파트를 사면 된다. 자산관리의 핵심은 미래가치이기 때문이다. 어떤 아파트의 모델하우스에 몇만 명이 다녀가고 청약 경쟁률이 몇천 대 1이라고 하면 흔히들 그것이 미래가치인 줄 안다. 하지만 청약 경쟁률은 미래가치를 담보해주지 않는다. 부동산의 미래가치는 내재가치만으로 결정되지 않기 때문이다. 특히 아파트는 더욱 그렇다. 아파트는 그 아파트 자체만이 아니라 주변의 인프라도 굉장히 중요하기 때문이다.

2019년 봄에 상계주공8단지 재건축 아파트가 분양을 했다. 평당 2천600만 원에 분양을 했는데 이후 방배그랑자이가 평당 4천600만 원에 분양했다. 2천만 원을 비싸게 분양한 것이다. 왜 분양 가격이 이렇게 차이가 날까? 상계주공8단지는 철사로 지었을까? 강남은 철근으로 짓고 강북은 철사로 지어서 집값 차이가 나는 걸까? 그렇지 않다. 주변 지역의 인프라 차이로 인해 가격 차이가 벌어진 것이다. 그러면 상계주공8단지와 방배그랑자이 중에 무엇을 사야 할까? 당연히 방배그랑자이를 사야 한다. 주변 인프라가 집값에 미치는 영향은 굉장하기 때문에 지금 신규 분양하는 신도시 아파트를 투자 목적으로 매입하는 것은 적절하지 못한 선택이다.

앞으로 분양가 상한제가 민간 택지에 적용되면 재건축 아파트는 가격이 내려갈 가능성이 굉장히 높다. 부동산은 가격이 떨어질 때 사는 것이 맞지만 재건축 아파트의 경우에는 투자 기간을 감안해야 한다. 그러니 지금 재건축 아파트에 투자하는 것은 자신을 위한 투자가 아닌 자식을 위한 투자라고 생각해야 한다.

지금의 부동산 시장에서는 재건축 재개발보다는 신축 아파트에 관심을 가지는 것이 낫다.

부자들이 절대 투자하지 않는 부동산

요즘 부자들이 사지 않는 부동산이 있다. 바로 다가구주택이다. 다가구주택을 사면 임대수익은 보장될지 몰라도 자본수익은 기대할 수 없기 때문이다. 내 휴대폰에 임차인 20명의 전화번호가 저장돼 있다고 생각해보자. 기분이 좋을 것 같지만 그렇지 않다. 보일러가 터졌다고 연락이 오고, 수도꼭지가 망가졌다고 연락이 온다. 원룸 다가구주택으로 임대수익을 내는 동안 혈압약을 같이 먹어야 할 수도 있다. 절대로 은퇴 이후에 투자해서는 안 될 부동산이 다가구주택이다.

또한 부자들은 상가나 구분상가에도 투자하지 않는다. 요즘은 쇼핑과 구매의 상당수가 온라인에서 이루어지기 때문에 상가의 임대 수익을 보장받기 힘들다. 실제로 2018년 온라인 쇼핑 거래액이 112조 원을 넘어섰다. 이마트나 롯데마트 같은 오프라인 대형마트의 판매율이 줄어드는 것을 보면 알 수 있다. 그래서 부자들은 상가나 구분상가에 투자하지 않는다. 미래가 없기 때문이다. 대신 그들은 꼬마빌딩 정도에 투자한다.

신도시 상가에 은행이 입점한다고 가정해보자. 은행은 임대료 밀릴 걱정을 안 해도 되니 투자해도 될 거라 생각할 수 있지만 요즘 은행은 오프라인 점포를 계속 폐쇄하고 있다. 언제 점포가 없어질지 모른다. 그렇게 되면 내가 관리비와 대출 이자를 부담해야 한다. 자산관리하려고 투자한 상가가 오히려 부담이 되는 것이다.

부자들은 오피스텔에도 투자하지 않는다. 오피스텔에 2억 원 투자했는데 월세로 100만 원 수익이 날 경우 3년 동안 월세수익은 3천6백만 원이다. 이후에 오피스텔을 팔려고 봤더니 오피스텔 가격이 1억5천만 원이다. 3년 동안 내 돈으로 세금만 낸 상황이 된다. 자산관리를 잘못한 것이다.

도시형생활주택과 빌라도 당연히 투자 대상이 아니다. 요즘 시장에 빌라 매물이 쌓여 있다. 싸다고 투자하면 안 된다.

소형 아파트가 뜬다

결국 투자할 부동산은 아파트밖에 남지 않는다. 그렇다면 어떤 아파트를 투자 대상으로 삼아야 할까? 통계청에 따르면 2016년

9월 기준 우리나라의 1인 가구 수는 739만 명이다. 그리고 연간 11만 쌍의 부부가 이혼한다. 이혼으로 1인 가구 수가 증가하면 필요한 주택 수도 증가한다. 이렇게 가계 규모가 작아지면 중대형 아파트보다 중소형 아파트가 투자에 유리하다. 몇몇 지역은 중대형에 투자하는 것도 좋지만 가격이 비싼 것이 문제다.

개인적으로 10년 전부터 중소형 아파트에 주목하라고 이야기해왔다. 예전에 고객에게 잠실 리센츠의 12평 소형 아파트에 투자하라고 권유했었다. 당시 분양가는 2억 원대였는데 미분양이 났었다. 그런데 지금 리센츠 12평의 가격은 10억 원에 이른다. 마찬가지로 역삼동 아이파크의 11평 소형 아파트는 3억3천만 원에 분양했는데 미분양이 났었다. 그런데 지금은 매매 가격이 7억5천~8억 원에 이른다. 가격 상승률이 중대형 아파트보다 훨씬 높다.

덧붙여 소형 아파트의 장점은 평수가 작으니 자금이 많이 들지 않는다는 점이다. 자금이 많지 않은 신혼부부는 10평대의 소형 아파트를 사서 시세차익을 낸 다음 20평대로 갈아타는 전략을 세우는 것도 좋은 투자 방법이다.

앞으로도 소형 아파트는 유망한 투자처다. 내 집을 제대로 마련하고 부동산으로 자산관리를 제대로 하기 위해서는 징검다리를 잘 건너야 한다. 이때 10평대의 소형 아파트가 징검다리 역할을 해줄 것이다.

그렇다면 소형 아파트를 한 채, 두 채, 가능한 많이 보유하는 것이 좋을까, 아니면 한 채만 보유하고 다른 투자 전략을 짜는 것이 좋을까? 현재 본인이 거주할 집이 있고 자금에 여유가 있다면 소형 아파트를 철저하게 수익형으로 보고 투자해야 한다. 전세를 끼고 투자해 한 채 매입할 걸 두 채 매입하는 전략을 짜자.

사실 수익형이라고 해서 반드시 매월 월세가 나와야 하는 것은 아니다. 앞에서도 말했지만 가장 중요한 것은 자본수익이다. 예를 들어, 오피스텔로 매월 월세 100만 원씩 수익이 발생하다가 처분할 때 오히려 투자한 금액보다 5천만 원 손실이 난다면 투자를 잘못했다고 보면 된다.

서울에는 군데군데 10평대 소형 아파트가 숨어 있다. 괜찮은 지역의 소형 아파트는 전셋값 비중이 50~60% 정도다. 그러니 소형 아파트를 매입할 때는 40~50%의 자금을 확보하고 임대사업을 등록한 다음 전세를 끼고 투자하는 것이 좋을 듯하다.

그러면 처분 시기는 언제로 잡아야 할까? 통계에 따르면, 사람들은 아파트를 보통 5, 6년간 보유한다. 여기에 임대사업 의무기간을 고려하여 2~3년을 더 보유해야 하는 경우도 있다(민간임대주택에 관한 특별법에서는 임대사업 의무기간을 단기임대는 4년, 준공공임대는 8년으로 규정하고 있다. 조세특례제한법에서는 임대사업 의무기간을 단기임대는 5년, 준공공임대는 10년으로 규정하고 있다). 자주 사고 팔다 보면 양도세 부담이 커지므로 소형 아파트는 중장기간 보유하는 것이 좋다. 이것은 부자들의 자산관리 전략 가운데 하나이기도 하다.

여러 개의 부동산을 가지고 있기보다는 오르지 않을 듯한 부동산은 과감하게 정리하고 투자가치가 있는 것에 투자해야 한다. 특히 서울 지역의 소형 아파트 중심으로 투자에 나서야 한다.

서울의 주택 시장은 서울 주민만이 아니라 서울로 출퇴근하는 수도권 주민, 더 나아가 대한민국 국민이 수요자다. 그렇기 때문에 서울의 집값은 항상 우상향한다. 2019년 말에 3기 신도시와 관련해서 토지보상금 30조 원이 풀리면 그 돈도 서울로 몰릴 것이다. 3기 신도시에 청약을 계획하고 있다면 내 집 마련은 하겠지만 부자가 될 수는 없다. 오히려 분양가보다 매매가가 떨어져서 자산가치가 하락하고 잘못한 투자에서 빠져나오지 못할 수도 있다.

투자용 아파트 고르는 5가지 방법

이제는 아파트를 언제 사느냐가 아니라 어떤 아파트를 사느냐가 중요하다. 같은 아파트 단지 안에서도 소형이냐 중대형이냐에 따라 자본수익이 달라진다. 예를 들어 반포 래미안퍼스티지의 경우 26평, 34평, 44평, 52평, 62평, 72평, 81평 등 다양한 평형으로 구성되어 있지만 그중 단기간에 집값이 가장 많이 오른 것은 44평이다. 잠실 리센츠에서는 12평 집값이 제일 많이 올랐던 것과 대비된다. 어느 단지냐에 따라 어느 평형이 많이 오를지가 달라지는 셈이다.

지하철역 주변이라고, 강남이라고 무조건 아파트 가격이 오르는 것은 아니다. 반포에는 대형 아파트 단지인 래미안퍼스티지와 반포자이가 있다. 그런데 두 단지의 같은 평형 아파트 가격이 다르게 책정되어 있다. 왜 가격이 다를까? 가격이 다른 이유를 알아야만 투자에 성공할 수 있다. 비슷한 예로 잠실에는 엘스, 리센츠, 트리지움, 레이크팰리스가 있다. 다 비슷비슷해 보이는데 어떤 아파트를 사야 자본수익이 가장 많이 남을까?

투자를 목적으로 할 때는 기분에 따라서 매입하면 안 된다. 단지마다 미래가치가 다르기 때문에 아파트 공부를 많이 해야 한다. 아파트 가격 역시 자본주의 시장을 움직이는 보이지 않는 손에 의해 결정되기 때문이다. 같은 지역의 아파트들이라도 수요자의 관점에서 면밀히 살펴보아야 한다. 이때 '투자용 아파트 고르는 5가지 방법'을 기억하면 도움이 된다.

① 소형 단지는 피한다. 아무리 강남에 있다 하더라도 가격이 안 오른다. 중장기적으로 가격이 오르는 데 한계가 있다. 세대수가 최소한 1천 세대가 넘는 규모의 단지를 선택해야 한다.

② 학군과 사교육 시스템이 잘 갖춰진 곳을 고른다. 중산층은 자녀의 교육환경이 좋은 아파트에 들어가고 싶어 한다. 대치동 래미안대치팰리스는 2012년 분양 당시 34평형의 분양가가 11억 원이었는데 미분양이 되었다. 그런데 지금은 26억~27억 원을 호가한다. 반포자이와 반포래미안퍼스티지는 같은 반포지만 가격 차이가 크다. 그 이유 중 하나가 바로 교육환경이다. 반포래미안퍼스티지는 집 앞에 잠원초등학교, 반포중학교, 신반포중학교, 세화고등학교, 국제학교가 자리하고 있다. 반면 반포자이는 교육환경이 조금 부족하다.

③ 병원과 백화점 등 편의시설의 접근성과 교통환경, 자연환경이 좋은 곳을 고른다. 반포래미안퍼스티지는 집 앞에 성모병원이 있어서 병원에 걸어서 간다. 그리고 신세계백화점 센트럴시티를 슬리퍼 신고 간다. 이밖에도 한강 변의 아파트값이 비싼 것은 한강이라는 자연환경이 한몫하기 때문이다.

④ 새 아파트를 고른다. 예를 들어 상계동에 투자를 한다면 지금 상계동에서 유일하게 재건축 중인 아파트 단지를 사야 한다. 새 아파트는 주변에 30년 이상 된 아파트에 사는 사람들의 로망이 되고 전월세 수요가 몰린다. 대치동 래미안대치팰리스 가격이 비싼 것도 주변 아파트들이 오래됐기 때문이다. 요즘 짓는 아파트에는 수영장과 사우나, 아이를 돌봐주는 시설 등 커뮤니티가 잘 갖춰져 있다.

⑤ 소형 평형을 고른다. 소형 아파트에 투자할 때도 역세권만 보면 안 된다. 소형과 중형이 골고루 배합된 단지를 골라야 한다. 10평대, 20평대, 30평대가 균형있게 배치되어 있고 40평대와 50평대가 적당히 포함되어 있는 단지가 좋다.

지금 사야 하는 서울 아파트 단지

우리나라에서 교육환경이 좋은 지역으로 손꼽히는 곳은 대치동, 목동, 중계동이다. 2019년 하반기에 한 곳이 더 추가된다. 바로 마포다. 마포에 학원가가 자리를 잡아가면서 강남에 있는 대형 학원들이 아현동 웨딩숍 자리와 대흥역 주변에 입점하고 있다. 그 주변으로 새 아파트들이 굉장히 많이 입주하고 있다. 현재 마포의 대장주는 마포 래미안푸르지오다. 그 옆에서 2020년 입주를 목표로 마포프레스티지자이가 공사 중이다. 여기서는 전용면적 59m^2 미만을 관심 있게 봐야 한다.

주위의 신촌그랑자이도 입주를 앞두고 있지만 이미 상당히 가격이 오른 상태다. 하지만 신촌그랑자이 옆의 아현2구역은 2016년도에 관리처분 인가가 났고 이제야 공사가 시작되었다. 여기서도 59m^2 조합원 물량에 관심을 갖고 이후 분양에 관심을 두면 좋겠다.

앞으로 입주 후 가격이 우상향할 아파트를 몇군데 짚어보겠다. 5호선 명일역 래미안솔베뉴는 1천900가구로 지금 입주하고 있다. 2019년 하반기 입주를 대기하고 있는 강동구 고덕 그리시움 아파트, 마포구 대흥동 신촌그랑자이도 괜찮아 보인다. 이 아파트들은 59m^{2}의 소형 평형에 관심을 가져볼 필요가 있다. 분명히 이 아파트들은 입주 후 가격이 우상향할 것이다.

재건축 아파트 투자가치는?

재건축 시장에 관심을 가지고 있는 사람들 사이에서 용산과 성수가 많이 언급되고 있다. 1~4지구로 나뉜 성수는 전통적인 재개발 지역이다. 현재 가격은 평당 5천만 원 수준이다. 그런데 여기에 투자하는 것은 자신이 아닌 자식을 위한 투자라는 것을 기억해야 한다. 성수1~4구역은 상업지역이라 건물을 50층까지 지을 수 있지만 언제 지어질지 여전히 미지수다. 그만큼 투자 기간을 고려해야 한다는 의미다. 현재 성수1,3,4구역은 아직 조합 설립 단계이고 2구역은 조합 설립 승인도 나지 않았다.

한편 남산 밑인 용산은 경관지구로 지정되어 고도제한이 걸려 있다. 조합원의 이익이 그렇게 크지 않은 것으로 보인다. 한남동도 마찬가지다. 한남3구역은 사업 승인이 났고 일대에서 부지가 가장 크다. 그런데도 고도제한 때문에 건물을 30층까지 올리지 못한다. 이런 곳에 장기간 투자하기보다는 징검다리 식의 투자 전략을 구사하는 편이 낫다.

앞으로 분양가 상한제에서도 우상향할 아파트는 신축 아파트뿐이고 재건축 재개발은 오래 걸릴 것이다. 그러면 재건축을 사고팔기에는 대가가 크다. 좋은 곳에 재건축 아파트를 가지고 있다면 자식 몫이라고 생각하고 계속 보유해도 나쁘지 않지만 좋지 않은 곳의 재건축 아파트를 보유하고 있다면 당장 팔아야 한다.

대치동의 우선미(우선, 선경, 미도) 아파트는 보유하되, 은마 아파트는 처분하자. 은마 아파트는 4천400가구에 대지 평수가 7만

5천 평이다. 그 앞의 미도 아파트는 2천400가구에 대지 평수가 6만5천 평이다. 어느 곳의 미래가치가 높은지 보이지 않는가. 잠원동 한신2차는 재건축이 오래 걸릴 듯하고 자칫 일몰제도 걸릴 것 같다. 그래도 위치가 좋기 때문에 그냥 보유하는 것이 좋을 듯하다. 이 지역 외의 재건축 대상은 처분하고 새 아파트로 갈아타는 편이 낫다.

용산의 배후 단지는 동부이촌동이 될 수밖에 없다. 그런데 동부이촌동 사업도 시간이 오래 걸릴 것이다. 재건축 후에 동부이촌동에서 가장 좋아질 아파트는 한강맨션이다. 그런데 이것 역시 자식 몫이라고 생각하고 투자해야 한다. 그러니 용산, 성수, 한남의 재개발 재건축에 무작정 투자하는 것은 조금 경계해야 한다.

개인적으로는 앞으로 주거환경이 변화하고 주변에 인프라가 확충되면 가치가 상승할 지역은 상계동이라고 생각한다. 이곳은 인구 밀집 지역이지만 주변에 생활 편의시설이 굉장히 부족하다. 따라서 생활 편의시설만 확충된다면 얼마든지 가격이 올라갈 여력이 있다고 생각한다.

즉문즉답, 투자 고수에게 묻다

고준석 교수의 세미나가 끝나기 15분 전, 청중들의 질문이 쏟아졌다. 15분 동안 고준석 교수가 받은 질문은 총 20개. 분당 평균 1.4개의 질문에 답을 한 셈이다. 막판 15분 즉문즉답 현장에서 숨가쁘게 오갔던 질문자들의 투자 고민은 무엇일까?

Q1. 판교에 집이 있는데 갈아타야 할까?

가지고 있는 편이 좋을 것 같다. 2018년도 말 기준으로 판교에 있는 기업체 수는 1만300여 개다. IT 계열의 대기업도 많이 들어가고 있다. 판교 집값은 분당하고는 분명 차별점이 있다.

Q2. 상계동과 가양동 중 어디를 선택하면 좋은가?

가양동의 배후단지인 마곡지구에 대기업들이 들어가고 있다. 그래서 가양동은 일자리가 있다. 반면에 상계동에는 일자리가 없다. 가양동의 가격이 더 올라갈 것이다.

Q3. **구리 아파트에 투자했는데 현재 유지해야 될까?**

팔아야 한다. 팔고서 바로 건너편인 광진으로 옮겨가자. 지금 광진에 새 아파트가 들어서고 있다. 건국대학교 뒤쪽의 신축 아파트도 주목하라.

Q4. **동부이촌동 아파트와 당산 래미안아파트 중 어디를 매입하는 게 나을까?**

둘은 비교 대상이 아니다. 동부이촌동을 매입해야 한다.

Q5. **동탄신도시 SRT역 바로 앞에 있는 아파트를 매입하려고 하는데 괜찮을까?**

투자성보다 실수요자가 거주하기 좋은 곳이다.

Q6. **신길뉴타운 앞으로 전망은 어떠한가.**

신길뉴타운에 신축 아파트가 들어서고 있다. 만약에 입주한다면 2년 이상 거주하지 말고 1년 이내로 처분하라.

Q7. 반포자이 70평에 살고 있다. 가격이 35억~37억 원 정도인 데 지금 팔아야 할까, 좀 더 기다려야 할까?

반포자이 70평대는 가격이 잘 안 올라간다. 70평대 가격이 지금 40평대, 50평대 가격 수준이다. 가격이 올라가길 기다리는 것보다 지금 처분해서 갈아타는 편이 좋을 것 같다. 반포자이는 40평대가 없으니 30평대나 래미안퍼스티지로 갈아타자.

Q8. 반포 한신4차 아파트 35평을 가지고 있는데 앞으로 전망은 어떻게 되나?

가지고 있는 게 좋다.

Q9. 용산 한강로 2가 벽산메가트리움을 보유하고 있다. 가지고 있어야 하나, 팔아야 하나?

지금 처분해야 한다. 미군이 평택으로 다 내려갔다. 거기는 외국인 대상 렌트도 잘 안 된다. 앞으로 가격이 상승하는 데 한계가 있으니 투자용으로는 맞지 않다.

Q10. 무주택자인데 청량리역 롯데캐슬에 청약을 넣어놨다. 다음 주에 과천에도 청약을 넣으려는데 둘 중에 하나가 된다면 어떤 걸 몇 년 간 보유해야 할까?

과천이 당첨되면 가져가고, 청량리 롯데캐슬이 당첨되면 1년 이내에 처분한다.

Q11. 광명 5동 월드메르디앙 아파트 31평을 처분하고 서울로 갈아타려고 한다. 지금 광명을 처분하는 게 맞는지.

처분하는 게 맞다. 처분하고 안양천을 건너서 바로 나와라. 나오다가 신길이나 대림에서 멈추면 안 된다.

Q12. 서초 래미안스위트를 매입했는데 5년 후 매도할 예정이다.

매도는 가격이 오르면 해야 한다. 5년 정도는 가지고 있어도 될 것 같다.

Q13. 목동 단지 중에서 어느 단지가 가장 유망할까?

목동에서 가장 베스트는 7단지다.

Q14. 3년 전에 강남 더샵포레스트를 매입했는데 좀 더 가지고 있는 게 맞을까?

좀 더 가지고 있어도 될 것 같다.

Q15. 과천에 투자를 생각하고 있는데 어느 지역이 괜찮을까?

지금 과천역 주변에 분양 중인 아파트가 있다. 그곳의 소형 아파트를 매입하자.

Q16. 마포래미안푸르지오 45평에 살고 있다. 계속 보유해야 할까, 아니면 매도하고 다른 곳으로 옮겨야 할까?

더 거주해도 좋고, 처분한다면 강남으로 건너가자.

Q17. 상암동 오피스텔 월세를 60만 원 받고 있다. 매도하고 소형 아파트에 투자해야 할까?

고민할 것 없이 빨리 처분하는 편이 좋다.

Q18. 잠원 한신7차 아파트를 가지고 있는데 매도하는 게 좋을까?

가지고 있어야지 뭘 고민하는가.

Q19. 서울에서 2억 원대로 투자할 주택으로 어디가 좋은가?

상계동과 가양동. 2억 원으로 충분히 전세 끼고 투자할 수 있는 지역이다. 상계동에 투자한다면 노원역을 중심으로 3, 5, 7단지가 좋다.

Q20. 송파 트리지움 소형 평수를 가지고 있다. 계속 보유하는 편이 좋을까?

처분하고 강남, 반포, 서초 쪽으로 갈아타는 게 좋다.

이학구
KTB자산운용 대체투자부문 부사장

하나금융그룹 하나자산운용 본부장으로 일했다. 한화그룹, 삼성생명, 싱가포르 투자청(GIC), 도이치방크(DBPA)에서 근무하며 각종 자산운용과 투자에 대한 감각을 키웠다. 현재는 부동산, 항공기, 선박 등에 투자하는 '대체 투자' 분야 국내 최고 전문가로 평가받고 있다.

부동산 간접 투자로
건물주 되는 법

요즘 커피 한 잔 값이 5천 원, 비싸면 7천 원 정도 한다. 매일 한두 잔 마시는 커피값을 아껴서 건물을 살 수 있을까? 당연히 불가능하다. 건물을 사려면 상당한 돈이 필요하다.

만약 서울 파이낸스센터를 사고 싶다면 적어도 약 1조2천억 원 이상의 돈이 필요하다. 역삼역 스타타워는 적어도 1조7천억 원이 든다.

나는 커피값을 아껴서 건물을 사라는 뜬구름 잡는 이야기를 하려는 것이 아니다. 커피값을 아껴서 부동산에 간접투자를 할 수 있는 리츠(REITS)에 대해 이야기해보려고 한다.

부동산 간접 투자 '리츠'란?

리츠란, 다수의 개인이 돈을 모아 부동산에 투자한 후 임대수익, 개발이익, 이자 등을 나눠 갖는 투자 상품을 말한다. 1천억 원 상당의 건물을 1천 명이 1억 원씩 투자하는 것으로 이해하면 쉽다.

여러 명의 자금을 모아서 건물을 매입하므로 투자자는 몇십 명이 될 수도 있고 몇천 명, 몇만 명이 될 수도 있다. 나중에 건물을 매각하여 시세차익이 생기면 그것도 함께 나눈다.

그래서 리츠는 개인이 직접 주거시설, 상가, 토지에 투자해서 매매차익을 챙기는 직접투자와 다르다. 간접투자의 일종으로, 자산운용회사가 투자자로부터 자금을 모아 부동산에 대신 투자하고 운용한다. 자산운용회사는 국내 또는 해외 상업용 부동산(오피스 빌딩, 호텔, 리테일, 물류창고, 도로 등)에 투자해서 안정적인 수익을 내고 투자자들에게 배당수익을 나눠준다.

2019년에는 리츠 상품의 인기가 뜨거웠다. 2019년 6월에 한국감정원이 2018년 국내 리츠 결산 보고서를 분석한 결과, 리츠 수익률이 부동산 직접 투자 수익률보다 높은 것으로 나타났다. 2018년 연평균 리츠 투자 수익률은 아파트를 포함한 주거시설의 경우 8.04%, 오피스는 4.5%, 상가는 3.85%였다. 과거의 수익률을 보면 2014년에는 5.65%, 2016년에는 10.55%, 2017년에 7.59%였다가 2018년에는 8.5%로 회복했다.

은행 예금이나 적금을 제외한 모든 금융 상품은 원금을 보장하거나 수익률이 확정되어 있지 않다. 리츠도 마찬가지다. 그러나 시장이 좋지 않았을 때도 리츠가 5% 이상의 수익을 낸 것을 보면 매력적인 투자 상품이라고 할 수 있다.

리츠의 네 가지 장점

부동산 간접투자로서 리츠의 장점을 좀 더 살펴보자.

① 소액 투자가 가능하다. 부동산 투자로 수익성을 높이려면 아파트에 국한하지 않고 오피스 건물로 투자를 확장해야 한다. 아파트의 경우 가격이 시장 상황에 따라 오르내리지만, 오피스 건물의 가격은 2001~2018년 연평균 7.2%씩 상승했다(예외적으로 2009년 3·4분기에는 글로벌 금융위기의 영향으로 전년 동기 대비 11%

하락했다). 그러나 오피스 건물은 개인이 투자하기에는 비싸다. 그래서 리츠라는 상품이 등장하게 되었다. 리츠를 활용하면 커피값을 아껴서 건물주가 되는 것이 불가능한 꿈만은 아니다.

② 자산관리가 편하고 배당수익이 안정적이다. 회사에 다니거나 다른 일을 하면서 직접 임대 관리를 하는 것은 어려운 일이다. 반면 리츠는 앞에서 언급했듯이 자산운용회사가 투자와 관리를 대신 맡기 때문에 편리하다. 일단 투자를 해놓으면 배당수익을 받고 관리하는 것에 대해서는 전혀 신경을 쓸 필요가 없다. 배당수익 또한 일 년에 약 4~7% 정도로 안정적이다.

③ 환금성이 좋다. 개인이 직접 상가나 아파트를 소유하는 경우 현금이 급하게 필요할 때 누군가 매물을 사지 않으면 원금을 회수하는 데 어려움을 겪을 수 있다. 반면 리츠는 부동산을 증권화해 증시에 상장하기 때문에 부동산에 직접 투자하는 것보다 환금성이 뛰어나다.

④ 세금 부담이 덜하다. 우리나라 국민 대다수의 자산에서 직접 부동산이 차지하는 비중은 상당히 높다. 2016년 통계청의 가계금융 복지조사에 따르면 우리나라 가계의 평균 자산 3억6천

178만 원 가운데 부동산 자산이 74%(약 2억6천788만 원)를 차지했다. 특히 60대는 전체 자산에서 부동산이 차지하는 비중이 78.4%였다. 20~50대는 집이 있어도 일을 하므로 그에 따른 소득이나 금융자산이 있지만, 60대 이상은 은퇴로 수입이 없기 때문에 전체 자산에서 부동산이 차지하는 비중이 높은 것이다. 이처럼 대부분의 은퇴자가 집만 한 채 가지고 있는 상황인데, 2019년부터 재산세가 상당히 인상되었다. 2020년에는 세금 부담이 더욱 커질 예정이니 소득이 줄어든 은퇴자들에게는 보유세 인상이 부담될 수밖에 없다. 이에 비해 리츠는 부동산 취득에 동반되는 취득세와 등록세가 감면되어 직접투자보다 세금 부담이 덜하다.

리츠를 통한 해외 부동산 투자

2019년 7월 한국은행이 금리를 내리면서 2019년 우리나라의 경제성장률이 2%대를 달성하기 쉽지 않다고 보도됐다. 부동산을 비롯한 모든 투자 활동의 근간이 되는 경제성장률이 낮아지고 있고, 향후에도 급반등하지 않을 것이라는 생각이 만연하다. 경기 침체와 더불어 정부의 부동산 투자 규제 정책, 고령화,

저출산, 실업률 증가와 같은 요인은 향후 국내 부동산 시장에 부정적인 영향을 줄 것으로 보인다. 과연 앞으로도 국내 부동산에 투자하는 것이 옳을까?

이러한 의문 때문인지 국내에서는 해외 부동산 투자가 증가하는 추세다. 2018년에는 해외 부동산 투자가 2013년에 비해 약 3배 이상 증가했다. 특히 미국 부동산에 약 2천861억 원, 베트남 부동산에 약 629억 원, 캐나다 부동산에 약 190억 원, 태국 부동산에 약 174억 원, 일본과 필리핀 부동산에 약 120억 원이 투자됐다. 개인의 해외 부동산 투자는 일시적인 유행이 아니라 앞으로 꾸준히 이어질 투자 트렌드라고 생각한다.

그런데 해외 부동산은 물리적인 거리가 상당히 떨어져 있어 직접 방문해서 거래하기가 쉽지 않다. 언어상의 어려움도 있고 국가마다 부동산법과 회계 제도가 다르다 보니 개인이 부동산을 구입하고 관리하기가 어렵다. 그렇기 때문에 해외 부동산 투자 경험이 많은 자산운용회사의 공모펀드를 통해 투자하는 편이 안정적이다.

공모펀드의 경우 상품이 시장에 나오면 영업일 기준으로 5일, 인기 상품은 2~3일 안에 자금이 마감된다. 자금이 다 모이면 자금 모집을 마감하기 때문에 투자하고 싶어도 못한다.

해외 부동산 투자 사례

지난 2019년 상반기 공모펀드의 규모는 6천676억 원이었다. 여기에는 국내 상품도 포함되지만 이탈리아 밀라노(피렐리타이어 글로벌 R&D센터), 스코틀랜드 애든버러(스코틀랜드 국민건강보험공단 청사), 일본 도쿄 시나가와구(Canal Side Building), 룩셈부르크 끌로쉬도르(D. Square Building) 등 해외 상품도 포함된다. 이 상품들의 예상 배당수익률은 약 5~7%로 매우 안정적이다.

지난해 해외 공모펀드의 대표적인 사례는 아마존 물류센터 상품이다. 요즘은 오프라인 매장보다 온라인이나 모바일을 통해서 쇼핑을 많이 하는 추세다. 온라인 쇼핑몰은 온라인에서 상품을 판매하고 물류창고에서 배송하는 구조로 물류창고가 필요하다.

2019년 7월, 이지스자산운용회사는 유럽 주요 도시에 위치한 아마존 물류센터에 투자하는 공모펀드를 출시했다. 상품은 프랑스, 영국, 스페인에 있는 아마존 물류센터 3개를 대상으로 한 상품이었다. 아마존은 전 세계에서 신용등급이 높은 온라인 쇼핑몰 회사 중 하나로, 상품 판매 당시 물류창고를 15년간 사용하기로 계약을 마친 상태였다. 여기에 1년 수익률은 약 6%, 만기는 5년 조건이었다. 즉 내가 5년 동안 투자해서 매년 6%의 수익이 나고 5년 후에 팔아서 좀 더 비싸게 팔면 차익을 얻을 수 있는 셈이다.

일반적으로 공모펀드는 자금을 300억~600억 원 정도 모집한다. 규모가 클 경우 900억 원에서 1천억 원 정도다. 그런데 아마존 물류센터 상품의 경우 자금을 2천300억 원 모집한다고 발표했다. 당시에 업계 사람들은 다소 무리라는 반응이었다. 그러나 예상과 다르게 아마존 물류센터 상품은 일주일 만에 목표 자금을 모집하고 판매를 마쳤다.

리츠 투자 방법과 유의사항

리츠에 투자하는 방법은 간단하다. 은행이나 증권사에서는 리츠 상품을 판매하기 일주일 전에 언론에 기사를 낸다. 해당 기사의 자금 모집 기간을 참고해 상품에 투자하면 된다.

이때 투자 회사를 고르는 것이 중요하다. 주식 투자를 할 때 중소형 증권회사보다는 규모가 큰 회사 상품에 투자하는 것처럼 리츠도 마찬가지다. 역사가 오래되고 실적이 좋은 회사의 상품에 투자하는 것이 좋다.

리츠는 중위험 중수익 투자 상품이다. 그렇기 때문에 고위험 고수익 상품에 적극적으로 투자하는 40~50대보다는 안정적인 배당수익을 원하면서 아파트를 사기에는 돈이 부족한 20~30대와 60~80대가 관심을 가지기에 괜찮다. 실제로 미국과 일본에서는 60~70대 이상의 은퇴자들이 리츠에 많이 투자한다.

금융상품이 그렇듯이 위험은 낮고 수익이 높은 상품은 없다. 예금과 적금을 제외한 모든 금융상품은 원금을 보장할 수 없다. 리츠도 금융상품이기 때문에 원금이 보장되지 않는다. 리츠는 보통 3년에서 5년 정도 투자자금이 묶이는 경향이 있다. 만약 5년 후에 상품을 팔아서 원금을 되돌려 받아야 하는 상황에 IMF와 같은 금융 위기가 발생하면 원금 상환에 대한 리스크는 분명히 있다.

그러니 좋은 상품이 나왔다고 해서 처음부터 본인 재산의 많은 부분을 투자하지 말고 공부한다는 생각으로 100만~200만 원정도 소액 투자하기를 바란다. 6개월에 한 번씩 배당수익을 받으며 1년은 지켜보고 투자 방법을 익히자. 소규모의 자금을 투자하고 이 상품이 괜찮고 안정적이라는 판단이 서면 그때 투자금액을 늘리는 방향이 좋다고 생각한다.

4장

미래 부동산 가치를
바꾸는 산업

유현준
홍익대학교 건축대학 교수, SCG 대표 건축가

연세대학교, 하버드대학교, MIT에서 건축을 공부하고 리처드 마이어 사무소와 MIT 건축연구소에서 실무를 익혔다. 젊은 건축가상, 공간문화대상 대통령상, 시카고 아테나에움 건축상, 독일 디자인 어워드 등을 수상했다. 지은 책으로 《어디서 살 것인가》, 《도시는 무엇으로 사는가》, 《현대건축의 흐름》 등이 있다.

살기 좋은 곳,
평가 기준이 달라진다

세계적인 도시로 성장한 이탈리아 로마, 프랑스 파리, 미국 뉴욕은 공통점이 있다. 이 도시들은 일찍이 '도시 고밀화'를 이루기 위해 기술을 개발했다는 점이다.

로마는 도시로 물을 공급하기 위해 상수도를 개발했다. 그러자 인구 100만 명이 로마로 모여들었다. 파리는 구불구불한 길을 직선 도로망으로 바꿨다. 교통이 원활해지자 사람들이 쉽게 왕래하며 문화의 중심지로 성장했다. 뉴욕은 엘리베이터를 개발해 20~30층 고층 빌딩을 세웠다. 한 빌딩에 공장, 가게, 고객이 한 번에 입주하면서 경제활동이 집약됐다.

이와 반대로 도시 고밀화가 이루어지지 않으면 어떻게 될까? 사람들이 모이지 않으니 돈과 자본이 모이지 않고, 관계가 형성되지 않는다. 결국엔 사회가 정체된다.

부동산의 가치도 이와 비슷한 맥락으로 이해할 수 있다. 현재 서울은 인구 천만 명이 모여 있는 대도시다. 우리나라는 도시 고밀화를 이룬 서울을 중심으로 성장하고 있다. 단연 서울 부동산의 가치는 전국에서 제일 높다. 그런데 우리나라의 도시 고밀화에는 문제점이 있다. 사람들의 가치 판단 기준을 '획일화'시킨다는 점이다. 대체 무슨 말일까? 이는 뒤에서 자세히 살펴보겠다.

미래 부동산 가치를 결정하는 요인

부동산의 가치는 주변과의 관계성에 의해 결정된다. 강남 아파트가 비싼 이유는 지방 아파트보다 평수가 넓고 인테리어 마감재가 좋아서가 아니다. 집 앞에 있는 쇼핑센터, 문화시설, 학군이 좋기 때문이다. 자신이 가지고 있는 부동산이 주변과 어떤 관계를 맺고 있느냐에 따라 가치가 결정된다고 할 수 있다. 그리고 주변과 더 많은 관계를 맺을수록 부동산 가치가 올라간다.

이는 플랫폼 비즈니스와 비슷하다. 플랫폼 비즈니스란, 사업자가 네트워크를 구축해놓으면 소비자가 시간과 공간의 제약없이 언제든 참여하는 사업 형태를 말한다. 네이버(NAVER)와 우버(Uber, 미국에서 개발한 차량 공유 플랫폼)가 대표적인 플랫폼 비즈니스다. 플랫폼 비즈니스는 수많은 사용자가 관계를 맺어야 성공한다. 이러한 측면에서 부동산도 플랫폼 비즈니스인 셈이다.

만약 네이버에 육아, 교육, 영화 등 각 분야별로 홈페이지가 따로 있다면 아무도 접속하지 않을 것이다. 우리가 포털사이트에 접속하는 이유는 필요한 모든 정보가 한곳에 모여 있기 때문이다. 동일한 맥락에서 부동산 시장을 보면, 세종시나 지방혁신도시를 만든다는 것은 상당히 위험한 생각이라고 할 수 있다. 서울이 가지고 있는 경쟁력을 분산시키는 것이기 때문이다.

초기에는 지방으로 기업을 옮기면 경제와 도시가 활성화될 거라 생각했다. 그러나 여기에 착오가 하나 있다. 사기업 자동차 회사가 울산에서 대전으로 이전한다고 가정해보자. 그럼 200~300여 개의 부품회사가 다 같이 이동을 해야 한다. 자동차 회사에 납품을 해야 하기 때문이다. 반면 공기업 건설사가 서울에서 진주로 이전해도 서울에 있는 대형설계사무소나 건설회사는 진주로 이동하지 않는다. 이메일이나 메신저로 이야기하면 된다. 그리고 KTX를 이용하면 단시간에 서울과 진주를 오갈 수 있다. 결국엔 지방혁신도시 계획이 예상했던 것보다 효과가 미미할 수밖에 없다.

우리가 부동산 시장에서 간과해선 안 될 요소 중 하나가 시간거리의 단축이다. 기술과 교통수단의 발달로 시간거리가 단축되고 있다. 공간이 압축되는 것이다. 과거에는 서울에서 부산을 가려면 1박 2일이 걸렸는데, 지금은 5시간이면 갈 수 있다.

KTX가 생기고 가장 타격을 받은 곳은 대구의 대형병원들이다. KTX를 타면 서울 대형병원까지 1시간 반 만에 갈 수 있기 때문에 서울로 병원을 다닌다.

이처럼 우리나라는 도시 정책을 세울 때 미국이나 중국처럼 대륙을 생각하고 접근하면 안 된다. 국가를 거대도시, 즉 메트로 상하이 정도로 생각해야 제대로 된 정책이 나올 수 있다.

스마트한 도시 정책의 필요성

맨해튼 사람들은 좁은 집에 살지만 이들에게 집의 규모는 문제가 되지 않는다. 집 밖으로 나가면 바로 센트럴파크가 있고, 13분 걸어가면 타임스 스퀘어가 나온다. 여기서 6분만 더 걸어가면 브라이언파크가 있고, 7분만 걸어가면 해럴드스퀘어가 나

맨해튼과 서울의 공원 거리 비교

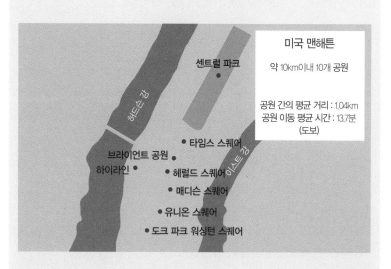

미국 맨해튼

약 10km이내 10개 공원

공원 간의 평균 거리 : 1.04km
공원 이동 평균 시간 : 13.7분
(도보)

센트럴 파크
허드슨 강
이스트 강
타임스 스퀘어
브라이언트 공원
하이라인
헤럴드 스퀘어
매디슨 스퀘어
유니온 스퀘어
도크 파크 워싱턴 스퀘어

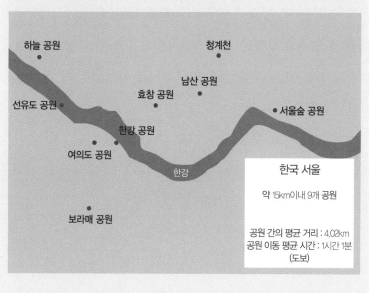

한국 서울

약 15km이내 9개 공원

공원 간의 평균 거리 : 4.02km
공원 이동 평균 시간 : 1시간 1분
(도보)

하늘 공원
청계천
남산 공원
효창 공원
선유도 공원
서울숲 공원
한강 공원
여의도 공원
한강
보라매 공원

온다. 맨해튼의 경우 주요 공원들이 1km마다 하나씩 있다. 공원에서 다른 공원까지 이동하는 데 13분만 걸으면 된다. 집이 좁아도 밖에 나가서 조금만 걸으면 자유롭게 머무를 수 있는 공원이 나오는 것이다.

그러나 서울의 주요 공원들은 맨해튼만큼 접근성이 좋지 않다. 하늘공원에서 한 시간 걸어야 선유도공원이 나오고 한 시간을 더 걸어야 여의도공원이 나온다. 공원들이 넓지만 너무 띄엄띄엄 있다. 자동차나 지하철을 타야 공원에 갈 수 있고, 직장인이라면 회사에 반차를 내야 여유롭게 갈 수 있다. 그러다 보니 공원에는 은퇴한 사람들밖에 없다.

도시에는 1만 평짜리 대규모 공원을 하나 만드는 것보다 1천 평짜리 소규모 공원을 10개 만드는 편이 훨씬 낫다. 도서관도 책이 100만 권 있는 도서관 하나보다는 1만 권 있는 도서관을 100개 만드는 편이 훨씬 낫다.

이처럼 도시 정책을 세울 때는 스마트해야 한다. 즉 '스마트 고밀화'를 생각해야 한다. 똑같은 아파트만 짓는 단순한 고밀화는 사회적으로 문제를 가져온다. 앞서 말한 우리나라의 도시 고밀화의 문제점이 여기에 있다. 세종, 강남, 송파, 판교 아파트는 간판을 떼고 보면 어느 도시에 위치해 있는지 구분이 되지 않는다. 국민의 60%가 똑같이 생긴 집에서 살다 보니 가치판단의 기준은 집값밖에 되지 않는다. 대한민국 국민의 라이프스타일이 획일화되어 가는 것이다. 이는 집값, 성적, 연봉, 키, 체중 등으로 가치를 판단하고 기준에 미달하면 상대적 박탈감을 느끼게 되는 가치관의 정량화를 야기한다.

친구가 49억 원 타워팰리스에 살아도 나는 작지만 마당이 있는 내 집이 더 좋다는 나만의 가치가 있어야 하는데, 이러한 다양성은 지난 50년간의 주택정책들이 파괴해왔다고 볼 수 있다.

스마트 고밀화 지역의 필요성

그렇다면 스마트 고밀화란 무엇일까? 도시에 걷고 싶은 거리가 있고 걸어서 10분 이내에 공원, 도서관, 벤치가 많은 도시를 말한다. 즉 도시에 공짜로 머무를 수 있는 공간이 고밀화된 도시를 말한다.

맨해튼의 경우 950m 거리 안에 벤치가 170개 있다. 똑같은 거리의 서울 신사동 가로수길에는 벤치가 3개 있다. 앞으로는 우리나라도 거리의 담장을 허물고 벤치를 설치해 건물 꼭대기에 사는 사람도 내려와서 쉬고 싶게끔 만들어야 한다. 이곳에서 소셜믹스(Social mix)가 이루어질 수 있도록 하는 것이 스마트 고밀화의 핵심이다.

이와 더불어 도시를 보행친화적으로 조성해야 한다. 강북과 강남은 웬만해선 왕래가 없고 문화 교류가 잘 이루어지지 않는다. 그 이유는 강북과 강남을 오갈 때 자동차나 지하철을 타야만 하기 때문이다. 소통은 걸어서 왕래가 가능할 때 이뤄진다. 그러기 위해서는 강북과 강남 사이에 보행자 전용 다리를 설치하거나 걸어서 쇼핑할 수 있는 거리를 만들면 된다.

지하철 2호선 역과 역 사이에 공원을 만들어 걷고 싶은 거리를 만드는 것도 방법이다. 보통 지하철역과 공원이 1.5km 떨어져 있으면 그 사이가 걷고 싶은 거리가 된다. 대표적인 사례가 신사동 가로수길이다. 신사역에서부터 1.1km 떨어진 곳에 한강시민공원이 있다. 토끼굴의 위치가 바뀌면서 신사동 가로수길이 활성화가 된 것이다. 이렇게 되면 역세권이라는 개념이 사라진다.

마지막으로 부동산 가격 책정 방식이 바뀌어야 한다. 우리나라 부동산 가격의 가장 큰 문제점은 면적 중심으로 가격을 측정한다는 점이다. 그렇기 때문에 2.4m 이상의 천정고가 높은 아파트를 짓지 않는다. 누구나 천정고가 높은 공간을 더 좋아한다. 그러나 실제로 부동산을 팔 때는 천정고 높이를 고려해서 가격을 측정하지 않는다. 부동산은 면적으로만 팔기 때문이다. 그래서 다양한 천정고와 복층 공간을 안 만든다. 만약 부동산을 부피로 측정해서 판매할 수 있게 되면 다양한 공간 구조가 나오게 될 것이다.

또한 외부 공간도 팔 수 있게 해줘야 한다. 테라스를 만들지 않는 이유는 분양 면적에 포함되지 않기 때문이다. 이처럼 미래에 다양한 주택을 접하고 싶다면 부동산 가격 책정 방식이 바뀌어야 할 필요가 있다.

김종석
쿠움파트너스 대표

서울시 사직2구역 지역 활성화를 위한 재생건축물 설계 디자인을 총괄하고, 뉴타운 재개발 해제지역에 대한 실태분석과 주거재생방향 연구를 지원했다. 2019년부터 현재까지 연희동의 70여 채 주택을 리모델링하며 '카페 거리 만들기' 사업을 이끌고 있다.

돈 버는
미래 건축 노하우

나는 2010년부터 2019년까지 연희동의 70여 채 주택을 직접 리모델링했다. 프로젝트의 목표는 문화가 있는 연희동 카페 거리를 만드는 것이었다.

프로젝트가 성공하기 위해서는 직접 연희동 주민들과 지방자치단체를 만나 소통하며 부동산에 대한 인식을 바꿀 필요가 있었다. 또한 프로젝트를 통해 안정적인 임대수익을 형성할 수 있음을 약속해야 했다. 그래서 나는 젊은 작가들과 연계해 갤러리 카페와 작업실을 유치하는 등 본격적으로 카페 거리 조성에 나섰다.

9년간의 긴 시간 동안 프로젝트를 진행하며 쌓은 건축 노하우를 구체적인 사례를 바탕으로 소개하겠다.

연희동 재생 건축 프로젝트

처음 이 프로젝트를 시작할 무렵인 2010년만 해도 연희동에는 담장이 높고 마당이 넓은 노후 주택들이 밀집해있었다. 그래서 연희동 주택들을 증축 리모델링할 때 건축적으로 크게 두 가지 변화를 줬다.

첫 번째 변화는 담장이다. 연희동 거리의 가장 큰 문제점은 높은 담장이었다. 건물의 담장을 허물어 주변 거리와 조화로운 동시에 상업적으로 가치를 높이기 위해 노력했다. 담장이 사라지면 거리가 넓어지고 지나가는 사람들이 건물 내부에 관심을 두고 보게 된다. 이와 더불어 담장이 골목을 막지 않으니 골목 안쪽에도 가게를 들일 수 있다. 요즘에는 도로변보다 골목 안쪽을 선호하는 임차인이 많고 임대료도 도로변과 크게 차이가 나지 않는다.

두 번째 변화는 공간 창출이다. 연희동 주택은 대부분 면적이

(전) 담장이 높았던 기존 건물

(후) 높은 담장을 허물고
건물에 외부 계단과 작은
공간을 만든 모습

컸다. 그런데 임대를 주려고 보니, 임차인이 30평 임대료로 월 250만 원은 비싸게 느꼈고, 10평 임대료로 월 100만 원은 괜찮다는 반응이었다. 그래서 리모델링을 할 때 큰 공간을 쪼개 여러 개의 작은 공간을 만들고, 임대수익을 내는 방향으로 계획했다. 그리고 작게 쪼갠 공간들을 연결하기 위해 계단과 다리를 적극적으로 활용했다. 먼저 각 층은 외부 계단으로 연결해 거리에서도 건물 내부가 잘 보이도록 설계했다. 각 층의 작은 공간들은 다리로 연결해 길을 만들었다. 이렇게 하면 1층부터 3층까지 내부 상점들이 길에서도 모두 잘 보이고, 방문객이 계단과 다리를 통해 다른 공간으로 들어가기 쉬워진다.

리모델링은 계획대로 성공적이었다. 사람들은 건물을 돌아다니며 작은 공간을 구경했고 재미있어 했다. 방문객들이 늘어나자 임차인의 만족도가 높아져서 임대료에 긍정적인 영향을 줬다. 건축주 또한 투자 대비 수익률에 만족스러워했다. 이러한 변화 덕분에 연희동 주민들은 점차 리모델링을 긍정적으로 생각하게 됐고 결국 70여 채 정도가 새로운 공간으로 탈바꿈할 수 있었다.

장소의 가치를 높이는 임차인 유치 방법

건축 프로젝트를 진행할 때마다 중요하게 고민하는 사항이 있다. 공간을 어떻게 채울지다. 연희동 카페 거리를 조성할 때도 수많은 리모델링 건물에 어떤 세입자를 어떻게 채울지가 고민거리였다.

건축주가 건축비를 회수하기 위해서는 세입자를 채우는 것이 무엇보다 중요하다. 그래서 프로젝트를 기획하는 단계에서부터 인근의 부동산 중개업자들과 소통하고 정보를 공유했다. 우리가 공급할 공간에 관해 설명하며 "이 공간에 카페가 들어오면 좋겠어요." 혹은 "이 공간에 옷가게가 들어오면 어떨까요?" 등 공간에 어떤 점포가 들어오면 좋을지 조언을 들었다. 이러한 소통은 공사 진행 중에도, 공사가 끝나는 직전까지도 계속되었다. 덕분에 리모델링이 끝나갈 무렵에는 세입자가 거의 채워졌다. 역세권인 홍대에서 연희동까지는 15~18분 거리이지만 현재 연희동에는 공실이 거의 없다.

연희동이 공실 없는 탄탄한 상권으로 거듭나기까지는 세입자들의 역할이 컸다. 건물의 1층 12평 정도 공간에 자리한 카페 '노아스 로스팅'은 허영만 작가의 웹툰 《커피 한잔 할까요?》에 등장해 유명해졌다. 만화 주인공들이 운영하는 커피숍으로 인

허영만 작가 웹툰 배경이 된 연희동 카페 '노아스 로스팅'

기를 끌게 된 것이다. 같은 건물 2층에 있는 일본 가정식집 '시
오'는 SBS 방송 프로그램 〈생활의 달인〉에 소개되며 전국적인
맛집이 되었다. 두 점포 덕분에 이 건물은 연희동의 랜드마크가
되었고, 연희동 거리가 전국적으로 유명해지게 됐다.

연희동에 유명 맛집을 유치한 사례도 있다. 빵집 '폴앤폴리나'
는 서교동 홍대거리에서 영업을 하다가 한두 번 쫓겨난 경험이
있었다. 폴앤폴리나는 가게에 설비를 갖추고 공간을 꾸미기 위
해 시간과 노력, 큰돈을 들였는데 번번이 쫓겨나 스트레스를 받
던 터였다. 그래서 나는 폴앤폴리나 점주에게 안정적인 임대차
를 약속하며 연희동으로 데려왔다. 덕분에 주변 상권이 활성화
되는 효과를 얻었다.

건물이 해당 지역의 랜드마크가 되려면 임차인의 역할이 중요

하다. 스타성이 높은 임차인이 건물에 들어왔을 때의 가치는 상당히 높다. 요즘은 온라인과 SNS로 정보망이 좋아져서 임차인이 스타이거나 훗날 스타가 되었을 때 전국에서 손님이 찾아온다. 임차인으로 인해 전국적으로 유명한 건물, 유명한 거리가 되는 것이다.

그런데 이렇게 장소의 가치를 높여주는 임차인을 유치하려면 임대료가 합리적이어야 한다. 당장의 임대료와 손익을 생각해 어느 정도는 받아야 된다고 생각할 것이 아니라 좋은 임차인을 두려는 자세가 필요하다. 그래서 나는 작은 공간에 임차인이 적정하다고 느낄 만한 임대료를 제시했다. 임대료를 높게 받아 공실률을 높이기보다는 작은 공간을 모두 채워 공실률을 낮추는 것이 임대수익 면에서 더 나았기 때문이다.

건물주는 건물이 단순히 자신의 것이라고만 생각하지 말고 임차인과 함께 만들어가는 공간이라는 인식을 갖고 고민도 함께 해야 한다. 그래야만 건물의 가치, 임대의 가치, 동네의 가치가 높아진다고 생각한다.

리모델링 이후 연희동은 임대수익이 올라가고 동네가치가 향상되자 땅값도 많이 올랐다. 2010년에 카페 거리 프로젝트를 시작할 때만 해도 연희동 땅값은 평당 1천~3천만 원 정도였다. 그러나 10년쯤 지난 지금은 평당 3천~7천만 원까지 올랐다. 그동안 임대료는 평균 5%밖에 오르지 않았다. 임차인에게 적정한 임대료를 제안하고 공실률을 줄인 것이 훗날 공간에 가치를 만들고, 땅값 상승에 영향을 준 것이라 생각한다.

내 땅과 건물의 가치 재발견하기

부동산 수요자 중에는 아파트를 사는 사람도 있지만, 자신이 소유하거나 매입한 땅에 건물을 짓거나 구축을 리모델링하는 사람도 있다.

새 건물을 짓거나 구축을 리모델링할 때는 '큰돈을 들여서 공사했을 때 투자비만큼 수익이 발생할 수 있는지' 여부를 알아보는 작업이 필요하다. 그러려면 주변 부동산 중개업소에 부지런히 찾아가서 정보를 얻고, 전철역에서 자신의 집까지 걸어서 둘러보며 공사가 사업성이 있는지 검토한 후 진행 방향을 결정해야 한다. 어떤 것이 잘될까? 리모델링을 해야 할까? 신축을 해야 할까? 이러한 질문들을 던져보면 대략 해답이 나올 것이다.

시장 조사로 얻은 데이터는 내 땅의 가치가 얼마인지, 내 땅에서 무엇을 해야 할지도 알려준다. 이를 알고서 공사를 하고 임대를 해야 실패할 확률이 낮아진다.

시장 조사를 마친 후에는 설계를 위해 건설 관련 법규를 검토하고 주차 계획을 세워야 한다. 이때 대지 현황, 지역지구(건폐율, 용적률), 지구단위계획, 이격거리와 일조권, 주차 관련 내용, 현황 측량, 가중 평균 등과 관련된 법률 규정을 확인한다. 주차 계획과 관련해서는 일조권, 주차 배치, 주차 배치의 시각적 효과, 용적률과 주차의 상관관계에 대해서도 고민이 필요하다. 이후에는 디자인을 하고 건축주에게 제안하는 단계를 거친다.

이러한 단계를 거쳐 건물의 가치, 땅의 가치를 재발견할 수 있었던 신축과 증축 사례를 소개하겠다.

신축 사례 1

2019년 하반기에 완공 예정인 연남동 건물(252쪽 사진)의 신축 사례다. 이 건물은 대지면적이 180평으로 규모가 상당히 컸다. 게다가 골목 안에 위치해 주변을 작은 빌라들이 둘러싸고 있었다. 때문에 건물을 커다란 하나의 덩어리로 지으면 이웃 주민들이 답답함을 느낄 수 있었다. 그래서 부지를 세 덩어리로 나누었다. 가운데 부지에는 건물 높이를 3층만 올리고 옥상에 공중정원과 테라스를 만들어 공간을 특별하게 활용했다.

이 건물을 세 덩어리로 나눈 데는 또 다른 이유가 있었다. 180평의 땅에 40일 정도 건축을 하다 보니, 투자비가 취득세까지 포함

108평 대지 신축 사례

해서 약 100억 원 정도 들었다. 100억 원 상당의 투자금이 들어
간 건물을 매물로 내놓게 되면 150억 원은 받아야 하는데 그러
기에는 시장성이 너무 약했다. 그래서 가운데 3층 건물의 양 옆
에 80평과 100평 건물을 분할하여 80평은 60억 원, 100평은 90억
원으로 분할 매각할 수 있게 계획했다.

신축 사례 2

아래 사진은 합정동에 위치한 대지 42평 건물을 신축한 사례
다. 합정동은 역세권인 데다 근처에 서교동 홍대거리 상권이
있고 한강과 이어지는 당인리발전소도 있다. 건축주는 합정동
가로수길에 있는 이 건물을 매입해서 리모델링을 할 계획이었
다. 그런데 1층을 주차장으로 사용했던 건물이라 리모델링으
로 반지하층이나 1.5층을 만들 수 없었다. 투자비는 더 들겠지
만 신축을 해서 반지하층을 만들면 장기적으로 임대수익을 높
일 수 있었다. 투자비도 빨리 회수할 수 있을 거라고 생각해 건

신축 전   신축 후

축주를 설득했다.

그 결과 반지하층이 있는 5층 건물을 지을 수 있었다. 1층은 주차장과 임대공간이고, 2층~5층은 모두 임대공간이다. 1층과 2층은 실내가 연결된 복층으로 만들었는데, 여기에는 특별한 의도가 있다. 2층도 1층과 같은 임대료를 받기 위해서였다. 그리고 2층에서 확보한 여유 면적으로 건물을 한 층 더 올릴 수 있게 되어 한강이 보이는 5층을 지을 수 있었다. 현재 5층은 가장 먼저 임대가 나가고 있다. 한강뷰로 인해 임대가치가 높아졌고 주변의 다른 건물들보다 임대료가 평당 5만 원 정도 높다.

증축 사례 1

오른쪽 사진은 건물 매입 당시의 모습이다. 원래는 기존의 2층 건물 위로 증축하려고 했는데 건축비가 많이 들고 공사 중에 하자가 발생할 우려가 있었다. 그래서 건물 옆에 남아 있는 마당으로 증축을 계획했다. 오른쪽 사진의 흰색 건물이 증축한 신관의 모습이다. 이 건물의 경우 증축을 계획할 때 구관과 신관의 조화를 많이 고민했다. 그 결과 사진처럼 신관에 가벽을 세워 구관과 신관의 구조적 균형을 맞추었다. 게다가 가벽으로 인해 공간이 분리되어 심리적으로 안정감을 느끼는 효과도 얻을 수 있었다.

(전) 증축 전 적갈색 건물 모습

(후) 건물 옆 마당으로 증축한 모습

증축 사례 2

서래마을의 해나하우스(256쪽)를 증축한 사례다. 기존의 해나

하우스는 37년 된 아름다운 고옥이었다. 건물주는 신축을 원했

지만 고옥의 주황색 기와지붕과 외관이 매우 아름다웠다. 그래

서 고옥의 아름다움을 유지하고, 건물주가 고옥에서 살아온 추

억도 간직하기 위해 신축 대신 증축을 제안했다. 그리고 그 가치

증축 전

증축 후

는 임대료로 입증될 것이라고 설득했다.

증축 시 기존 고옥을 살리면서 최대 면적을 만들기 위해 고옥에서부터 기둥을 올려 구조 문제를 해결했다. 신축의 맨 위층에는 명품 스피커 골드문트(Goldmund)를 모티브 삼아 건축주의 딸을 위한 바이올린 연습실을 만들었다. 그리고 연습실 아래층에 테라스를 만들어 작은 음악회를 열 수 있도록 무대처럼 꾸몄다.

임대수익에 대한 고민도 컸다. 일반적으로 임대수익은 1층이 다른 층보다 높다. 1층은 도로에서 바로 보이고 고객 접근성이 높아 임대료를 비싸게 받아도 된다. 그러나 고층부는 유입 인구가 적어 임대료 부담을 느낄 수 있다. 그래서 해나하우스는 1층과 고층부의 임대수익 격차를 줄이기 위해 1층의 가장 좋은 자리에 임대공간 대신 외부 계단을 만들었다. 그곳에 임대공간을 만들면 상대적으로 나머지 공간의 가치가 떨어지지만, 다른 공간과 이어지는 계단을 만들면 고층이라도 접근성이 높아지기 때문이다.

이처럼 신축이든 증축이든 중요한 것은 내 건물이 마을의 일부라는 사실을 기억하는 것이다. 동네와 이웃을 생각하고, 임차인을 생각해서 건축하는 집이 한 집 한 집 늘어나면 동네의 아름다움이 살아난다. 그 덕분에 공동의 가치도 상승하게 된다. 연희동이 한 집만이 아니라 마을 공동체의 노력으로 사랑받는 장소, 주목받는 공간이 되었듯이 말이다.

목진건
스파크플러스 대표

미국 경영컨설팅 회사인 모니터그룹의 전략 컨설턴트로 일했다. 위플래닛을 공동 창업했고 ST Unitas에서 신사업을 이끌었다. 이후 스파크플러스를 창업해 국내 공유오피스 시장을 선도하고 있다.

이용균
알스퀘어 대표

다국적 컨설팅 회사인 부즈앤컴퍼니에서 시니어 컨설턴트로 일했다. 이후 사무용 부동산 임대차 중개와 오피스빌딩 임대 및 매매 자문을 전문으로 하는 알스퀘어를 창업해 운영하고 있다.

안승천
직방 이사

온라인 서비스 분야에서 일하며 신한금융 포탈 'e모든' 서비스와 현대카드, 현대캐피탈 웹서비스 구축 프로젝트를 담당했다. 현재는 빅데이터를 이용한 부동산 앱 서비스 회사 직방에서 일하고 있다.

하진우
어반베이스 대표

건축이 좋아 건축을 공부했지만 시장을 선도하지 못하는 건축 업계의 업무 방식에 항상 의문이 들었다. 그래서 건축가의 설계 역량과 소프트웨어 엔지니어링 기술을 융합한 3D 공간데이터 플랫폼인 어반베이스를 창업했다.

박성민
집닥 대표

인테리어 회사, 건설 분양사와 시행사, 소셜커머스를 운영한 경험을 바탕으로 현재는 인테리어 플랫폼인 집닥을 창업해 운영하고 있다. 창업진흥원, 중소기업부, 국내 대학교에서 창업 멘토링 강연을 진행한 바 있다.

기술이 바꾸는 부동산 미래
'프롭테크'

부동산 비즈니스와 IT 기술이 만나 새롭게 등장한 산업이 있다. 바로 '프롭테크(Property+Technology)'다. 프롭테크는 빅데이터, 인공지능, 가상현실(VR) 등 첨단기술을 기반으로 부동산의 데이터 분석, 중개 및 임대관리, 투자 및 자금 조달 등 다양한 분야에 활용되고 있다.

이처럼 혁신적인 기술을 통해 국내 프롭테크 산업을 이끌고, 부동산 시장의 판도를 바꾸고 있는 대표 기업들을 알아본다.

스파크플러스 : 공유오피스 운영 서비스

목진건

프롭테크가 도입되기 전에 부동산 시장은 공급자 중심의 경직되고 보수적인 시장이었다. 프롭테크가 도입되면서 부동산 시장이 유연해지고 효율적이며 투명해졌다. 덕분에 더 많은 사람들이 부동산 시장에 참여할 수 있게 되었다. 앞으로 인구가 줄어들고 경제성장률이 저조해지면 부동산 시장은 점점 수요자 중심으로 진화할 것이다. 이 과정에서 프롭테크가 중요한 역할을 할 것이다.

프롭테크 시장은 크게 세 가지 영역으로 구성된다. 빌드(Build), 커넥트(Connect), 오퍼레이션(Operation)이다. 먼저 빌드(Build) 영역에서는 부동산을 개발하고 시행, 설계, 시공, 인테리어와 관련된 일을 한다. IT와 빅데이터를 접목한 기술로 건축 과정을 모듈화하여 시공 단계를 단축시킨다.

커넥트(Connect) 영역에서는 공급자와 수요자를 연결하는 매입과 매각, 중개임대차, 투자 등이 이루어진다. 부동산 중개시장을 온라인화하여 수많은 데이터를 모으는 동시에 부동산의 가치를 분석한다.

마지막으로 오퍼레이션(Operation) 영역에서는 만들어진 부동산을 어떠한 콘텐츠로 채워 운영할지를 결정한다. 공유 오피스를 비롯한 상업용 부동산 임대 서비스를 제공하는 스파크플러스가 여기에 포함된다.

한마디로 스파크플러스는 공유오피스를 만들고 운영하는 코워킹(Co-working) 사업을 하는 회사다. 건물을 여러 개의 작은 공간으로 나누어 입주사에게 사무 공간으로 재임대한다고 생각하면 된다.

이러한 공유오피스 사업이 왜 필요할까? 개인이 사무실을 임대하고 운영하면 비용, 시간, 노력이 어마어마하게 든다. 사무실을 한 번 만들어본 경험이 있다면 비용이 얼마나 드는지 대략 알 것이다. 적게는 몇천만 원, 몇억 원이 필요하다. 웬만한 규모의 회사들은 사무실을 꾸리는 데 수십억 원의 지출이 발생한다. 사업 운영비도 필요한데 사무실을 마련하고, 인테리어를 하기까지 상당한 지출을 부담해야 한다고 보면 된다. 무엇보다 사무실을 꾸리고 나면 일정 기간 부동산 임대 계약을 유지해야 하고, 혹시라도 중간에 이사를 하게 되면 페널티 비용을 부담해야 한다. 한마디로 리스크가 크다.

반면 공유오피스를 사용하면 앞서 말한 불편함을 겪지 않아도 된다. 초기투자 비용이 발생하지 않고, 사무실 임대와 운영에 필요한 복잡한 계약도 필요 없다. 마치 호텔을 사용하듯이 입주하면 된다. 가장 큰 장점은 사용자가 공간이 필요한 만큼 유연하게 활용할 수 있다는 점이다. 사용하는 만큼 사용료를 내고 언제든 사용 면적을 늘리거나 줄일 수 있다. 임대료와 관리비는 사용료에 모두 포함된다.

그러면 공유오피스는 규모가 작은 회사들을 위한 서비스일까? 그렇지만은 않다. 최근에는 직원 수가 500명 정도 되는 회사들도 공유오피스를 이용하고 있다. 그런데 이처럼 규모가 큰 회사의 공간은 오피스 레이아웃, 인테리어, 보안 및 네트워크 등에 대한 설계가 필요하다. 지역과 빌딩을 선정하여 맞춤형 공간을 설계해야 하는 것이다. 최근에는 이러한 맞춤형 공간, 즉 커스텀 오피스에 대기업과 유명한 스타트업이 많이 입주하고 있다. 기존의 공유오피스를 기성복이라고 한다면 이제는 맞춤복까지 만든다고 할 수 있다.

내가 공유오피스 사업을 시작하면서 가장 많이 받은 질문이 두 가지 있다. 그 질문은 "공유오피스가 너무 많이 생기는 거 아닌가요? 이제 끝난 거 아닌가요?"와 "한국에서 공유오피스 사업을 먼저 시작한 위워크(WEWORK, 글로벌 공유오피스 업체)를 이길 수 있겠어요?"와 같다. 그러나 나는 처음 사업을 시작할 때 믿음이 있었다. 아무리 엄청난 경쟁사가 있다고 해도 공유오피스 시장은 무궁무진하다는 것과 글로벌 회사가 경쟁자라 해도 로

컬 기업인 우리만의 강점이 있다는 것이다.

현재 스파크플러스는 공유오피스 시장에서 빠르게 성장하고 있다. 창업한 지 만 3년이 되지 않았지만 서울 강남권과 강북권에서 13개 지점이 약 3만m² 이상의 공간을 운영하게 된다. 2019년에만 7개 지점을 늘렸고 2020년에는 10개 이상 지점을 늘릴 예정이다. 사용자들이 많이 이용해준 덕분에 스파크플러스의 공유오피스 입주율은 95% 이상, 즉 공실률이 5% 미만이다. 결과적으로 창업 3년 만에 스파크플러스는 규모가 대략 30배 커졌다.

현재 전 세계 공유오피스 시장은 너무나 크다. 우리나라의 전체 오피스 시장 규모는 70조 원이 넘고 여기서 서울 오피스 시장이 차지하는 액수가 30조 원 이상이다. 이중 공유오피스가 차지하는 비중은 0.8% 정도로 추산된다. 해외 도시의 오피스 시장에서 공유오피스가 차지하는 비중은 상하이의 경우 7%, 싱가포르는 4~5%다. 이에 비하면 우리나라는 아주 미미한 수치로 공유오피스 시장은 아직 갈 길이 멀다고 생각한다.

과거의 워크(work)와 미래의 워크는 다르다. 과거의 일은 상명하복의 조직 중심으로 이루어졌다. 이 경우 변동성이 낮아서 예측이 쉬웠다. 그러나 미래의 일은 프로젝트 중심으로 이루어져 변동성이 높고 예측도 어렵다. 그렇기 때문에 개인이나 기업이 사무실을 만들고 운영한다는 것은 굉장히 비효율적인 행위가 될 것이다.

그렇다면 부동산 시장은 어떨까? 과거 성장기의 부동산 시장은 공급자 중심이었기 때문에 사무실을 만들면 금세 공실이 해소되었다. 그러나 미래 부동산 시장은 수요자 중심이고 서울의 오피스 공실률은 빠르게 증가하고 있다.

과거에는 부동산중개자 중심이었다면 이제는 부동산 자산을 잘 운용해줄 운영 사업자들이 필요해졌다. 앞으로 부동산 시장은 스파크플러스와 같은 운영 사업자들을 중심으로 많이 성장할 것이다.

알스퀘어 : 기업용 부동산 임대차 서비스

이용균

알스퀘어는 기업용 부동산 임대차 서비스를 제공하는 회사다. 대다수의 사람들은 모르지만 이미 많은 기업들이 이용하고 있다.

2009년에 설립한 알스퀘어는 현재 프롭테크 회사 중에 가장 많은 매출을 달성하고 있다. 2019년 상반기에 약 430억 원의 매출과 10~15% 이상의 영업이익을 냈다. 많은 프롭테크 회사들이 보통은 B2C(Business to Consumer) 거래로 접근한다. 최근에 스파크플러스와 같은 공유오피스 업체가 등장하면서 B2B 서비스에 대한 관심이 높아졌다. 어떻게 보면 알스퀘어는 10년 동안 사무용 부동산, 즉 B2B(Business to Business) 거래 시장에서 프롭테크 회사로서의 입지를 구축해왔다고 할 수 있다.

알스퀘어는 부동산 업체들로부터 정보를 받지 않는다. 지역별로 직접 전수 조사를 통해 공실 정보를 수집한 후 지도 기반 웹사이트에 맞춤형 정보를 제공하고 있다. 단순히 정보만 제공하는 것이 아니라 임대차 중개 서비스와 사무실 계약 이후에 인테리어나 가구를 포함한 공간 이전 서비스를 제공한다.

현재 기업용 부동산 서비스 시장에는 외국계 메이저 회사인 존스랑라살(JLL), 세빌스(Savills), 씨비알이(CBRE), 쿠시먼앤드웨이크필드(Cushman&wakefield)가 지배력을 행사하고 있고, 한국 회사로는 유일하게 알스퀘어가 참여하고 있다.

알스퀘어와 같이 기업용 부동산 임대차 서비스를 제공하는 회사들은 사무용 부동산 거래 시장에서 몇 가지 어려움을 겪고 있다. 알스퀘어가 문제를 해결하는 방식은 다음과 같다.

① 공실 정보의 국지성
부동산의 매물 정보가 특정 지역에 국한되어 있어 광범위한 신규 매물을 신속하게 확보하고 관리하는 데 한계가 있다. 알스퀘어는 공실 정보의 국지성을 해결하기 위해 지역 단위의 공실 정보를 전수 조사한다.

② 공실 정보의 불투명성

많은 부동산 회사가 매물 정보를 얻을 때 주변에 물어물어 얻는 경향이 있다. 그래서 왜곡된 정보를 제공할 가능성이 있고 건물과 공실 매물에 대한 상세 정보도 부족한 편이다.

알스퀘어는 공실 정보의 불투명성을 해소하기 위해 10만여 건 이상의 건물주 정보를 바탕으로 실제 데이터만 제공하고 있다. 단순히 정보를 제공하는 플랫폼 업체가 아닌, 중개를 하는 업체이기 때문에 허위 매물은 소개하지 않는다.

③ 중개 수수료

사무용 부동산은 계약 성공률이 아주 낮다. 부동산 업계에 따르면 사무용 부동산 거래 한 건을 성사시키는 것은 오피스텔 거래 50건을 성사시키는 것과 같은 노력과 시간이 든다고 한다. 그만큼 계약도 힘들고 정보를 얻기도 어렵다. 이 때문에 부동산 중개수수료도 굉장히 비싼 편이다.

알스퀘어는 규모의 경제를 확보하여 수수료를 절감하고 있다. 한 달 평균 계약 면적은 전용 면적을 기준으로 약 7천 평, 임대면적으로는 약 1만5천 평의 계약을 성사시키고 있다. 이는 강남대로변에 있는 대형 건물 두 채와 비슷한 규모다. 이렇게 많은 계약을 성사시키기 때문에 현재는 수수료 없이도 상반기에만 400억 원 이상의 매출, 15% 이상의 영업이익을 냈다.

알스퀘어는 정보 탐색의 시간과 비용을 절감하여 효율적이고 체계적으로 정보를 수집하고, 빠르고 투명하게 내부 정보와 자원을 공유하며, 최적 타이밍에 고객 니즈를 고려한 통합 서비스를 제공한다. 이를 위해 정보를 수집하고 관리하는 애플리케이션, 기업을 대상으로 하는 정보 탐색 기능, 부동산 업체들의 업무 효율을 높여주는 중개 영업 활동을 제공한다. 알스퀘어는 B2B거래를 하기 때문에 기업 내부에서 보고가 용이하도록 보고서 자동 생성 서비스도 제공한다.

현재는 기존의 정보 자산을 바탕으로 상가나 리테일 영역으로도 사업을 확장해가고 있다. 또한 임차 대행에서 나아가 임대 대행이나 매입 매각 대행으로도 사업을 확장할 예정이다.

직방 : 매물 정보 제공 및 중개 플랫폼

안승천

직방은 사람들이 원하는 집을 쉽고 빠르게 구할 수 있도록 돕는 웹 플랫폼이다. 2012년에 원룸과 오피스텔의 부동산 정보를 제공하는 것에서부터 시작해 2016년에는 전국 아파트까지 서비스를 확장했다.

직방은 빅데이터랩을 통해 집을 구하는 사람들의 의사결정에 도움이 되는 정보를 분석해 제공한다. 직방에 축적된 2천만 사용자의 검색 패턴, 과거에 거래되었던 부동산 실거래가, 시중에 나와 있는 매물 데이터를 분석해 더욱 직관적이고 유익한 정보를 제공한다.

이러한 직방은 플랫폼을 구성하는 데 4가지 정보를 사용한다. 이는 사용자가 집을 구할 때 중요하게 고려해야 하는 정보이기도 하다.

① 부동산 시세

직방이 가장 공을 들이는 정보는 부동산 시세다. 온라인 포털 사이트와 부동산 관련 플랫폼에서 부동산 시세를 검색하면 제각기 다르게 나온다. 모든 플랫폼이 국토교통부 데이터를 토대로 사용하는데 결과는 다르게 나오는 상황이다. 하지만 아무도 이점을 문제 삼지 않는다.

만약 부동산이 3개가 있다면 시세를 어떻게 계산해야 할까? 부동산 3개의 실거래가를 더한 후 3으로 나눠 평균값을 구하면 될까? 사실 시세는 계속 변한다. 부동산의 실시간 반영률, 평형별 타입, 다운계약서, 거래정보 누락, 주변 시세 등 다양한 요인이 시세에 많은 영향을 미친다.

그래서 직방은 이러한 모든 요소를 내부 시스템에 적용하여 보다 정확하게 시세를 계산한다. 현재는 주요 포털과 플랫폼의 시세를 계속 비교하고 차익을 확인하며 데이터를 업데이트하고 있다.

② 평면도

직방은 부동산 시세만큼 평면도 정보에 많은 시간을 투자하고 있다. 평면도들이 로데이터(Raw data)로서 한곳에 모여 있는 것이 아니기 때문에 3년 전부터 대동여지도 팀을 만들어 전국의 아파트 데이터를 모으고 있다. 이렇게 모은 데이터는 사용자들의 피드백을 반영해 계속 가공한다. 현재 온라인 포털 사이트나 직방에서 제공하는 평면도가 100% 정확하다고 말하기는 어렵다. 앞으로도 평면도는 계속 가공이 필요한 상황이다.

③ 거주자 리뷰

직방은 온라인 포털사이트를 포함해서 모든 부동산 플랫폼 가운데 가장 많은 거주자 리뷰 데이터를 보유하고 있다. 직방의 리뷰 데이터는 거주자의 실제 거주 여부를 증명하는 과정을 거친 후 작성된 것이다. 리뷰가 완성되면 20여 명으로 구성된 팀이 읽으면서 실제 거주자의 리뷰인지를 다시 한 번 확인한다. 이후에도 리뷰에 대한 수정 요청이 들어오면 관리사무소를 직접 방문해 요청사항을 확인하고 수정한다.

그래서 직방의 리뷰 데이터에는 좋은 리뷰만이 아니라 치명적이고 사실적인 리뷰도 많다. 실제 거주자들이 남긴 리뷰만 읽어도 방을 구할 때 도움이 될 것이다.

④ VR 홈 투어

요즘은 게임, 인테리어, 가구 업계에서 VR(Virtual Reality, 가상현실)이 많이 활용되고 있다. 직방에 올라온 VR 정보는 직방의 촬영팀이 직접 촬영한 것이기 때문에 허위 매물이 아니다. VR 정보는 포토샵이나 프로그램을 활용해 조작이 어렵기 때문에 매우 사실적인 정보라고 할 수 있다.

지금까지 설명한 직방의 다양한 정보는 수집하는 데만 상당히 많은 시간이 소요된다. 그래서 현재는 부동산 시장의 프롭테크 기업들과 파트너를 맺어 아파트 영역은 '호갱노노', 쉐어하우스 영역은 '우주(WOOZOO)', 상가 사무실 영역은 '네모'를 통해 데이터를 제공받고 있다.

앞으로 직방은 500만 MAU(Monthly Active Users, 한 달 동안 해당 서비스를 이용한 순수한 이용자 수)를 기반으로 전문가용 빅데이터 플랫폼 '직방레드'를 출시할 예정이다. 빅데이터를 기반으로 시장을 바꾸고 2022년까지 1천200만 MAU를 확보하며 프롭테크의 혁신을 이어나갈 계획이다.

어반베이스 : 3D 가상 공간 구축 플랫폼

하진우

나는 창업 전에 설계사무소에서 건축가로 일했다. 설계 과정에서 건축주와 미팅을 하면 2D 도면을 A3용지에 잔뜩 출력해서 브리핑했다. 그런데 일반 사람들은 2D 도면을 보고 머릿속에서 3D로 구현하는 것이 쉽지 않다. 그래서 2D 도면을 제대로 보지 못하는 건축주에게 도면을 보여줄 때마다 고민이 많았다.

이러한 고민을 시작으로 어반베이스를 창업해 증강현실 기반

홈 퍼니싱(Home furnishing, 집을 가꾸는 일) 서비스를 제공하고 있다. 지금까지 2D 도면은 시공 이후에 별다른 쓸모가 없었다. 그러나 이제 도면은 가상 구축을 할 때 VR(Virtual Reality, 가상현실)이나 AR(Augment Reality, 증강현실)에 활용하는 핵심 데이터로 사용된다.

도면은 건축 법규와 건축 기준을 고려해서 그린 것이기 때문에 가상 시뮬레이션 기술이 있으면 순식간에 3D로 구현된다. 어반베이스는 도면을 3D로 구현하는 가상 구축 기술을 개발하여 현재는 평면도를 2초 만에 3D로 변환할 수 있다.

어반베이스 가상 구축 기술은 웹과 모바일에서도 이용이 가능하다. 분양 브로슈어나 공인중개사의 도면을 스마트폰 카메라로 비추기만 하면 바로 3D로 변환할 수 있다. 물론 집을 사기 위해서는 직접 집을 봐야겠지만 가상 구축 기술을 이용하면 10곳 중 7곳만 둘러봐도 된다. 어반베이스는 이 기술로 전국 아파트의 약 80%를 1년 반 만에 3D로 구현했다. 사람이 일일이 손으로 그려 3D로 구현하려면 대략 7천 년이 걸렸을 일이다.

3D로 구현한 아파트 데이터는 홈 퍼니싱 시뮬레이션 시스템을 만드는 데 큰 역할을 했다. 이용자들은 이 플랫폼에 접속해 집을 가상으로 체험하거나 직접 꾸며볼 수 있다. 또한 플랫폼에는 실제 시중에 판매하는 건축자재와 가구 브랜드인 일룸, 카레

클린트, 이케아 제품이 입점해 있어서 제품을 3D 공간에 적용해 보고 구매할 수 있다.

사람도 3D 공간에 등장할 수 있다. 마치 심즈게임(SIMS, 2D로 만들어진 쿼터뷰 배경에 3D 캐릭터가 등장하는 컴퓨터 게임)을 하듯이 3D 공간을 통해 인테리어를 직접 체험할 수 있으며, VR 디바이스를 착용하면 눈앞에 VR 세상이 펼쳐지게 된다. 체험한 3D 공간은 트위터, 페이스북, 인스타그램 등 자신의 SNS로도 공유할 수 있다. 이렇게 꾸민 집에 대해서는 견적 서비스를 제공한다.

이 밖에도 어반베이스는 AR 기술을 통해 사용자가 사고 싶은 가구를 자신의 주거 공간에 정확히 배치해볼 수 있는 서비스를 제공한다. 스마트폰에 어반베이스 앱을 설치한 후 카메라로 공간을 비추면 해당 공간에 가장 어울리는 제품을 추천받을 수 있다. 어반베이스의 고객사인 LG전자는 이 AR 기술을 통해 고객의 집에 세탁기가 들어가는지, 냉장고가 들어가는지 등 컨설팅 서비스를 실시하고 있다. 서비스를 도입한 후 LG전자는 경쟁사의 매출을 추월했다. 현재 어반베이스의 플랫폼에서는 연간 1천 500억 원 상당의 거래가 이루어지고 있다.

지금까지는 현장에서 도면만으로 커뮤니케이션을 하는 경우가 많았기 때문에 실제 건물을 상상하기가 굉장히 어려웠다. 그러나 어반베이스의 AR 기술을 활용하면 직접 눈으로 확인하고 실제 공간을 체험해보는 것이 가능하다.

집닥 : 인테리어 중개 서비스

박성민

고객들은 인테리어 업체에게 인테리어를 맡길 때 몇천만 원, 몇억 원을 지불한다. 그런데 인테리어 업체 중 A/S에 소홀하거나 안 해주는 곳도 있다. 나는 고객들이 인테리어를 할 때 좋은 업체를 만나서 공사를 잘했으면 좋겠다는 마음으로 집닥을 운영하고 있다.

집닥은 인테리어 서비스를 중개하는 회사로, 2015년 7월에 사업을 시작했다. 집닥의 거래는 90% 이상이 오프라인에서 이루어진다. 집닥을 찾아오는 고객들은 보통 견적을 낼 줄 모른다. 그리고 인테리어 자재에 대해서도 모르는 편이다. 그래서 인테리어 업체를 찾고 고르는 데에 어려움을 겪는다. 이러한 고객들을 위해 집닥은 최적의 인테리어 업체를 연결해주는 중개 사업을 하고 있다. 중개 이후에 고객이 견적, 디자인, 퀄리티 등 불만 사항을 접수하면 책임지고 인테리어를 재시공하거나 환불 처리를 하고 있다.

집닥은 2019년 4월까지 약 2천억 원 상당의 인테리어 시공 거래를 중개했다. 1년에 1천억 원 정도 무난하게 거래를 중개하고 있는 셈이다. 현재는 글로벌 프랜차이즈 업체나 공유 비즈니스 등을 시작으로 사업 영역을 B2C에서 B2B로 확장해가고 있다.

2020 대한민국 부동산 트렌드

펴낸날 초판 1쇄 2019년 12월 2일

엮은이 조선일보 산업1부 부동산팀

펴낸이 임호준
본부장 김소중
책임 편집 이상미 | **편집** 박햇님 고영아 이한결 현유민
디자인 김효숙 정윤경 | **마케팅** 정영주 길보민 김혜민
경영지원 나은혜 박석호 | **IT 운영팀** 표형원 이용직 김준홍 권지선

인쇄 (주)웰컴피앤피

펴낸곳 북클라우드 | **발행처** (주)헬스조선 | **출판등록** 제2-4324호 2006년 1월 12일
주소 서울특별시 중구 세종대로 21길 30 | **전화** (02) 724-7677 | **팩스** (02) 722-9339
포스트 post.naver.com/bookcloud_official | **블로그** blog.naver.com/bookcloud_official

ISBN 979-11-5846-312-0 03320

• 이 도서의 국립중앙도서관 출판예정도서목록(CIP)은 서지정보유통지원시스템 홈페이지(http://seoji, nl, go, kr)와
  국가자료공동목록시스템(http://www. nl, go, kr/kolisnet)에서 이용하실 수 있습니다. (CIP제어번호: CIP2019046287)

• 북클라우드는 독자 여러분의 책에 대한 아이디어와 원고 투고를 기다리고 있습니다.
  책 출간을 원하시는 분은 이메일 vbook@chosun.com으로 간단한 개요와 취지, 연락처 등을 보내주세요.

  북클라우드 는 건강한 몸과 아름다운 삶을 생각하는 (주)헬스조선의 출판 브랜드입니다.